遊びが広がる
保育内容の
アイディア

西海聡子 ［編著］

榎本眞実・大井美緒・原 加奈・堀 科

萌文書林
HOUBUNSHORIN

はじめに

　子どもの生活の中心には遊びがあり、遊びのなかにこそ学びがあります。

　2018年４月に施行された３法令（幼稚園教育要領、保育所保育指針、幼保連携型認定こども園教育・保育要領）においても、子どもの主体的な遊びや生活を通した学びの重要性がこれまで以上に問われています。

　本書では、子どもが自ら選んで行う「遊び」と、保育者がねらいをもって発信する「一斉活動」の関係を整理し、子どもたちが両方を行き来する、つまり「往還」する保育を提案しています。

　「遊び」と「一斉活動」に関連性をもたせると、保育に連続性が生まれます。そして双方において大切なことは、「子どもが主体」になっているかということです。子どもが主体となり夢中になって遊ぶとき、子どもの学びは深く豊かになります。

　子どもたちの遊びを広げるためのアイディア（実践事例）を、本書ではたくさん紹介しています。Part2では、音楽・絵本・製作・運動・ゲームなどのジャンル別に「一斉活動のアイディアと援助のポイント」を、Part4では、活動前やちょっとした合間に楽しめる「すきま遊びのアイディアと援助のポイント」を掲載しました。０・１・２歳児を対象とした活動は、その重要性と独自性の観点からひとつにまとめています。

　「一斉活動」は保育者主導の教え込みになりやすいと敬遠される場合もありますが、保育のなかでは「みんなが同じ経験をしてほしいとき」や「みんなで一緒に経験してほしいもの」があります。どちらも子どもの育ちに必要なものです。「一斉活動」が子ども主体になるための、導入の仕方、言葉がけや援助のポイントを、実践事例から具体的に学びましょう。

　また、子どもたちの様子をよく観察し、子どもの興味・関心に沿った活動内容や、発達に即したねらいを選択することも重要です。本書では、大まかな目安として実践事例ごとに対象年齢を表記していますが、「年齢別の楽しみ方」も参考にしながら、目の前にいる子どもたちに合わせて柔軟に遊びを展開させてください。

　「発達と遊びの目安」表は、指導計画を作成するときなどの参考になるでしょう。Part3では、「指導計画の立て方」について、ポイントを押さえて、より実践的な内容がイメージできるよう工夫をしています。

　この本が、子どもたちの遊びの世界がより豊かに広がることを願う、保育を学ぶ学生のみなさんや保育現場の先生方の一助になれたら幸いです。

西海聡子

もくじ

音 楽 〔西海〕

絵 本 〔原〕

製作〔原〕

運動〔榎本〕

ゲーム〔大井〕

Part 1

遊びの援助

遊びにおける学び

　幼稚園教育要領や幼保連携型認定こども園教育・保育要領には「遊びは重要な学習」とあり、保育所保育指針にも「生活や遊びを通して総合的に保育すること」とあります。★¹一体、遊びにはどのような学びがあるのでしょう。オサムのエピソードから考えましょう。

　入園して1か月が経った5月のある日。
　3歳児のオサムは自分から園庭に出たものの、一人でぼんやり過ごしていました。近くの花壇ではタロウが夢中で何かを探している様子です。オサムはいつの間にかタロウの姿を目で追いはじめました。タロウはダンゴムシを探していたようです。ダンゴムシを見つけるたびに大喜びしています。近くにいた保育者も一緒に喜び、小さな飼育ケースをもってきて、「ダンゴムシのおうちにいかが？」と渡しました。すると、オサムもタロウと一緒に探しはじめたのです。はじめは別々に探していたのですが、そのうち互いに相手がダンゴムシを見つけると喜んだり、「あっちにいるかも」などと場所を移動したりしながら探しつづけていました。

　オサムがこの遊びのなかで経験したことは何かを5領域と照らし合わせて考えてみましょう。

健康
- 幼稚園で過ごす充実感を感じる
- 戸外で遊ぶ

人間関係
- 友達に親しみ、ともに過ごす喜びを感じる
- 自分で考え、行動する
- ダンゴムシを見つけようとする気持ちをもち、満足感や自信をもつ
- 友達と喜びを共感し合う
- 共通の目的を見いだし、工夫したり協力したりする

環境
- ダンゴムシの存在、いる場所、つかみ方を知る
- ダンゴムシに親しみ、大切にする気持ちをもつ

言葉
- 感じたり考えたりしたことを話したり聞いたりする

表現
- ダンゴムシを見つけた喜びを表し、伝え合う

　これらのことが子どもの学びにつながるといえるでしょう。この遊びのあと、ダンゴムシについてさらに興味・関心を深めたり、ダンゴムシの絵を描いたり、ダンゴムシの動きを自分の体で表現したり……と経験や学びが広がることも考えられます。もちろん、子どもは「学び」のために遊ぶわけではありません。夢中になって遊ぶからこそ、結果として学びがあるのです。

　5領域の視点以外にも、たとえば「対象」「対象との関わり方」「対象と関わる自分自身」という視点もあります。[2] この視点でダンゴムシのエピソードを整理してみましょう。

対象

- ダンゴムシの存在やいる場所
- 友達への興味

対象との関わり方

- ダンゴムシの捕り方や飼い方
- 友達との関わり方

対象と関わる自分自身

- ダンゴムシを見つけたり捕ったりできる自分

　幼稚園教育要領、保育所保育指針、幼保連携型認定こども園教育・保育要領では、生きる力の基礎を培うため、この時期に育みたい資質・能力として「知識及び技能の基礎」「思考力、判断力、表現力などの基礎」「学びに向かう力、人間性など」を一体的に育むように努めるとされています。

- 豊かな体験を通じて、感じたり、気づいたり、わかったり、できるようになったりする
- 考えたり、試したり、工夫したり、表現したりする
- 心情、意欲、態度が育つなかで、よりよい生活を営もうとする

　上記のようなことが問われているのです。これらが遊びを通して総合的に育まれていくことが重要です。

★1：幼稚園教育要領の第1章 総則 第1節及び幼保連携型認定こども園教育・保育要領の第1章 総則 第1節に、また、保育所保育指針の第1章 総則 第1節「（3）保育の方法」のオにそれぞれ記載がある。
★2：『幼稚園教育要領解説』（文部科学省、2018）p.31 には、「幼児が自ら心身を用いて対象に関わっていくことで」この3点を学ぶと整理されている。

遊びの援助

（1） 遊びになぜ援助が必要か

　すべての遊びに豊かな学びがあるかというとそうではありません。子どもが自ら環境に関わり**夢中になる遊び**にこそ豊かな学びがあるといえます。「○○したい！」「○○したらどうなるだろう」などの遊びの目的が実現したり、実現しそうになったりするなかで夢中になるのでしょう。

　ところが、遊び場面での子どもをよく見ていると、次のような姿が見られます。

- 自分から環境に関わらずにいる
- 友達の遊びをぼんやり見ている
- 遊びはじめるがつまらなそうにしている
- しようとしたことをすぐにあきらめる
- 物を適切に扱わない
- 遊具の遊び方がわからない
- すぐに保育者に解決を求める
- 自分たちだけでは遊びを進められない
- 友達を思いどおりにしようとする
- 友達に思ったことが言えない
- けんかをして思うように遊びが進められない
- 危険なことをする

- 遊んではいるが、毎日同じことを繰りかえしている
- 遊んではいるが、ひとつの遊びの時間が短い

毎日の遊びに変化がなく、一瞬の楽しさはあるけれど「豊かな学び」はあるだろうか？

つまらなさや挫折感、試行錯誤、けんかにも意味はある。でも、いつも目的が実現しないのでは次の意欲につながりにくくなってしまう……

遊びのなかの学びが限られ、十分ではなくなる!!

そこで、保育者の援助が必要に

（2）どのように援助をするのか

　場面を大きくふたつに分けて考えましょう。

①子どもが十分に楽しさを感じていない場面

例 友達と「ままごとあそび」をはじめるが、すぐにやめてしまった場面

子どもの様子	遊びの様子
多面的にとらえよう ◆体調が悪いのか ◆おなかがすいているのか ◆眠いのか ◆保護者に叱られたのか ◆物の扱い方がわからないのか ◆遊び方がわからないのか ◆仲良しの友達が欠席なのか ◆友達との関わり方がわからないのか ◆遊びの仲間に入れないのか ◆ほかの遊びをしたいのか 　　　　　　　　　　　　など **継続的にとらえよう** ◆今日だけなのか ◆何日も続けてなのか ◆保育室だからか、園庭なら夢中で遊ぶのか 　　　　　　　　　　　　など	**多面的にとらえよう** ◆場所が狭いのか ◆場所に魅力がないのか ◆物が足りないのか ◆物に魅力がないのか ◆イメージが曖昧なのか ◆イメージが豊かか ◆役割に納得しているか 　　　　　　　　　　　　など **継続的にとらえよう** ◆今日だけなのか ◆何日も続けてなのか 　　　　　　　　　　　　など

子どもの行為の意味を子どもの気持ちに思いを寄せながら考えてみましょう。ただ観察しながら考えるのではなく、関わりながら子どもの気持ちを探ったり、問いかけたり、その応答を共感的に聞いたり……などが必要です。

　このような場面では、具体的にどのように援助をしたらいいでしょうか。基本的には、子どもが十分に楽しさを感じていないことに対して援助を考えていきます。

援助の例

子どもの様子

体調が悪いのなら
丁寧にケアをする

保護者に叱られたのなら
気持ちが切り替えられるようにする

物の扱い方や遊び方が
わからないのなら
知らせたり一緒に考えたりする

友達関係なら
必要に応じ仲介をする

ほかの遊びをしたいのなら
必要に応じ仲介をする

遊びの様子

場所が狭いのなら
場所を広げる

場所に魅力がないのなら
広げるだけではなく、ビニールシートで「屋根」を付けたり、積み木で「壁」や「窓」を作ったりする

物が足りないのなら
物を増やしたり、代わりの物を一緒に考えたりする

物に魅力がないのなら
子どもの思いを確認しながら、一緒に工夫して作る

イメージが曖昧なら
子どもの思いを確認しながら、イメージを引き出したり確認したりする

イメージが豊かでないなら
子どもの思いを確認しながら、文脈に沿った物（たとえば「洗濯機」「レジスター」など）や流れ（ままごとなら「学校や会社に行く」「ペットと散歩に行く」など）を提案する

役割に納得していないなら
自分で役割を選んでいるか、互いの役割を理解しているか確認する

子どもの言葉はつたなく、わかりにくいときもありますが、子どもの紡ぎ出した言葉を糸口にして一緒に考えたり、提案したり、友達との仲介をしたりなどの援助をしましょう。

いずれは子どもが自分で楽しさに向かうことができるように配慮することが大切！

 子どもの「楽しくない感」に心を寄せて、楽しさに向かうように援助しよう

②子どもが楽しさを感じている場面

〜　援助の例　〜

考えをうながす問いかけや提案をしてみる

おそらく
子どもは……　　さらに興味・関心が深まったり、より良い方法を考えたりするでしょう。
保育者の言葉をきっかけに友達のしていることに興味をもち、「僕、知っ
ているよ。ダンゴムシってね……」と教え合ったり、「基地を2階建てに
しない?」と新たな考えを思いついたりするかもしれません。

〜　援助の例　〜

子どもがこだわっていることや無意識にしていることを言葉で表す

きっと
子どもは……　　微笑んだり、自慢げな表情をしたりすることでしょう。先生は見ていてく
れた!　わかってくれた!　と感じるかもしれないし、子ども自身が保育
者の言葉で自信をもつかもしれません。まわりの子どもが友達の良さに気
がつくきっかけになる可能性もあります。

💡 **子どもの「楽しさ」に心を寄せて、
楽しさが広がったり深まったりするように援助しよう**

（３）子どもによって違う援助
一人一人の「今、大切なこと」と「これから経験してほしいこと」を整理する

たとえば、４歳児２月。アツシが段ボールを車に見立てて友達とうれしそうに保育室内を走っています。保育者は一人で遊ぶことの多かったアツシのこの様子に、何とかこの楽しさを維持させたいと考えます。

同じように、ミミが段ボールを車に見立てて走りまわっています。ミミは１学期からこの遊びを繰りかえしていて、楽しいというより何となくしているように見えます。そこで、保育者は「段ボールを本物の車らしくするにはどうしたらいいかを考えさせたい」「信号や踏切を作ったらどうだろう」など、遊びのなかでより豊かな経験ができるように考えます。

このように、保育者の援助は、子どもがたとえ同じ動きをしていても、その子どもにとっての意味を理解して、今、大切なこととこれから経験してほしいことを整理し、援助の手がかりとしているのです。

（４）援助をするとき、つい口にしやすい言葉

実際に子どもを目の前にするとどうしていいかわからず、何となく、あるいは唐突にありきたりな言葉をかけてしまうことがあります。よく聞かれる４つの言葉を通して考えてみましょう。

入れて

子どもがおうちごっこをしています。あなたならどうしますか？
思わず「入れて」と遊びに入り、張り切ってごちそうをテーブルに並べますか？弁当を作ってピクニックに出かけますか？
でも、その子どもが一人でじっくりとフライパンで炒め物をしたいと思っていたら、あなたの動きに付き合わせることになってしまいます。アユミが大好きなリエと二人きりで遊びたいと思っていたとしたら……。

保育者が遊びに入る際は、その必要性をよく自分自身に問いかけてください。「自分が子どもと遊びたいから」だけでは、子どもの育ちの芽を摘んでしまうこともあります。

何してるの？

　あなたが夢中で何かをしているときに、「何してるの？」と唐突に問いかけられたらどうでしょう。

　「見ればわかるでしょ」と言いたくなりませんか？　夢中でしていた気持ちが中断してしまうこともあるでしょう。それは子どもも同じだといえます。

　時には「トンネル掘ってるの」と子どもが答えているのに、保育者の返事は「そう」と一言だけ。これでは、一体何のために問いかけたのかわかりません。

　保育における「問いかける」行為には本来、意味があるはずです。「遊びが学習」であるならば、保育者の言葉がけは慎重さや意図が求められるのです。

先生と○○して遊ぼう

　遊びの時間、遊びはじめたものの何となく時間を過ごしている子ども、あるいは遊びを探している子どももいます。その時に、「○○して遊ぼう」という保育者の援助は時には必要な援助でしょう。

　しかし、そこには保育者の教育的意図が必要です。思いついた遊びに唐突に誘うのではなく、一人一人の子ども理解と保育の計画をふまえて「○○しよう」と言葉をかけましょう。

はい、仲直り！

　子どものけんかの仲裁はとても難しいです。でも、そこには何かそれぞれの思いがあるはずです。

　短い時間にありきたりの仲裁をして、納得しない子どもの気持ちはかまわずに「はい、仲直り！」と決着をつけず、よく話を聞いてください。どうしたらいいかを一緒に考えたり、まわりの子どもたちを巻き込んで考えを引き出したりしましょう。保育者の丁寧な応対はモデルとなり、いずれ子どもが自分たちで解決できる力につながります。

 **その子どもにとって「今、大切なこと」と
「これから経験してほしいこと」を整理することが大切‼**

遊びと一斉活動の関係

ここでは、「遊び」と「一斉活動」との関係について説明します。

乳幼児期には「遊び」が大切。でも……

遊びの環境をさまざまに整えても子どもの興味・関心はどうしても偏り、当然のことながら経験にも偏りが生じます。

友達と関わる楽しさや集団のダイナミックさを感じる機会も限られることがあります。

そこで一斉活動を計画します。

一斉活動をすることで、音楽や絵本の世界に親しむ機会となったり、製作や運動をする機会となります。

すると、一人一人の経験や世界が広がり、自信がもて、友達とふれあう楽しさも感じることができるでしょう。

　では、「遊び」と「一斉活動」には何の関係もないのでしょうか。そうではありません。「遊び」は「遊び」、「一斉活動」は「一斉活動」と分けて考えていると、子どもの生活は細切れとなるかもしれません。「一斉活動」が、つねに保育者主導の一方的で唐突で単発的なものになることさえあります。
　「一斉活動」と「遊び」が関連することで、子どもたちの学びがより豊かに深くなると考えられます。「遊び」と「一斉活動」をつなげる3つのパターンを紹介します。

その**1**　保育者発信パターン in 一斉活動場面

`一斉活動` ▶ `遊び` ▶ `一斉活動` ▶ `遊び`

`一斉活動`　「コマ」の話をして配る

帰りの会で、一人一人にコマを配る（このコマは年長組になったら園長先生からプレゼントされると楽しみにしていたもの）。明日、登園してきたらすぐに遊んでもいいし、色を塗ってもいいことを話す。

`遊び`

翌日の遊びの環境として、コマの色を塗ることができるようなコーナーを作る。
登園後、多くの子どもがコマにひもを巻いたり投げたりする。色を塗る子どももいる。回し方がわからない子どもがほとんどなので、保育者も一緒に遊んだり、方法を知らせたりする。
1週間ほどすると何人も回せる子どもが出てくる。回し方や色の塗り方を工夫したり、互いに教えたり、取り入れたりしはじめる。

`一斉活動`　帰りの会でのコマ回し

コツコツがんばっている子どもや、回し方や色の塗り方を試行錯誤している子どもについて話す（回せる・回せないということに重点を置かないようにする）。みんなでしてみようと提案し、コマを持ち床に輪の形になって内側を向いて座る。
クラスの半分程度（生活グループ3つ程度）が立ち、コマ回しをする（回らなくてもそれほど目立たないように配慮する）。その際、投げたら一度座り、みんなでコマの様子を見る。次に交代し、一人2～3回程度できるようにする。

`遊び`

翌日から、これまであまり興味がなかった子どももコマ回しをするようになる。
様子によっては、積み木で囲いを作ったり、フラフープを床に置いたりして、コマ回しのコーナーを数か所作る。

※随時、一斉活動を入れていく。グループ対抗のコマ回し大会は、自分が回せなくても友達を応援したり、グループとして勝ったりする経験となり、楽しむことができる。

その
2

保育者発信パターン in 遊び場面

保育者発信の遊び ▶ 一斉活動 ▶ 遊び

このパターンは、一斉活動として取りあげたい活動を、保育者が意図的に遊びのなかで子どもたちに投げかけることが発端です。

遊び

たとえば、4歳児10月。長縄跳びをクラス全員に経験させたいと考えたとする。その場合、まずは遊び場面のなかで体を動かすことが大好きな子どもたち、あるいはいつもはあまり体を動かす遊びをしない子どもたちを誘う。クラスの子どもたちに長縄跳びの遊び方や楽しさが自然に広がる。

一斉活動　長縄跳び

半月〜1か月後、一斉活動として長縄跳びをする。ただし、長縄が1本だと待ち時間が長くなるので、ほかの保育者や子どもが持つことで跳ぶ場所を増やす（子どもが持つ場合は、「へび」や「上、下、真ん中どーこだ」などにする）。遊びのなかで繰りかえし経験している子どもたちが遊び方や動き方をリードする形で楽しい雰囲気が醸成され、スムーズに展開できる。

遊び　翌日からは、長縄跳びをする子どもが増える。

子ども発信パターン

子ども発信の遊び ▶ 一斉活動 ▶ 遊び

これは保育者発信ではなく、子ども発信の遊びを一斉活動として計画に入れていくパターンです。

遊び

たとえば、4歳児2月。リエが遊びのなかで紙飛行機を作った。その後、リエは保育者にうれしそうに見せにくる。リエが保育者に自ら働きかけることはめずらしく、保育者はより丁寧に対応する。リエは作るだけではなく、飛ばすことも上手で、保育者が一緒に飛ばしてもかまわない。その様子を見ていたほかの子どもたちも紙飛行機を折りたがり、保育者の仲立ちでリエが教えることになる。

一斉活動　製作「紙飛行機」

数日後、保育者は製作の一斉活動として紙飛行機を作ることにする。導入では、もちろんリエの話をし、作り方はリエに聞く形をとりながら展開する。

遊び

その翌日、子どもたちは登園するなり、園庭のあちらこちらで紙飛行機を飛ばしはじめる。そのうち、何人かで一列になって「1、2の3！」と楽しそうに一緒に飛ばす姿も見られる。

　以上の3パターンすべて、「遊び」と「一斉活動」が往還しながら展開されていることがわかるでしょう。

　往還とは、学びが豊かになったり、深くなったりしながら「遊び」と「一斉活動」が関連して繰りかえされるイメージです。

　保育者主導の一方的で唐突になりがちな「一斉活動」が、子どもの興味・関心を丁寧にすくいとることで、子ども主体の「遊び」と往還していくのです。そのことで、保育者の願う「心情」「意欲」「態度」が身についていきやすいと考えます。

Part2

一斉活動のアイディアと
援助のポイント

保育者発信の一斉活動について

保育者発信の一斉活動＊とは

　本書では、保育者発信からはじまるクラス全員で行う活動のことを、保育者発信の一斉活動と呼びます。保育者発信の一斉活動には、大きく分けて次のふたつがあります。

みんなが同じ経験をしてほしい

年齢に応じた発達課題をとらえて、全員に経験してほしいことを保育者が発信します。

 3歳児前半、クラス全員にはさみが使えるようになってほしいと考えた保育者

どんな題材だったら子どもの興味・関心が引き出せるかな？	➡ 子どもたちが大好きなドーナツの形をした台紙に、細長い色紙をはさみでひとつ切りしてトッピングする活動をしよう	➡ 色紙をいろいろ用意すると、いちご味やメロン味など自分の好きなドーナツができあがった！

　ドーナツ作りという共通の活動を行うことで、はさみをあまり使ったことがない子どもでも扱い方を覚え、最終的には自分が作りたいものをはさみを使って自由に作れるようになることをめざします。同じ経験をすることで平等に教育の質を担保することができます。
　また、「一斉」にこだわらず、製作などの場合、活動コーナーを一定期間設けておき、子どもたちがやりたいときに全員が参加する方法も考えられます。

みんなで一緒に経験してほしい

みんなで行うことが楽しい、一緒に経験してほしいことを保育者が発信します。

 歌を歌うこと、絵本の読み聞かせ、クラス全員で作る鯉のぼり、クラスでのゲームやドッチボールなど

　5〜6歳児になると、みんなで協力してひとつのことに取り組み、その達成感を味わうことができるようになります。集団で遊ぶダイナミックな活動を保育者が発信することは、個々の遊びでは得られない多様な経験と学びをうながし、子どもたちの興味・関心を広げる役割があります。

　保育者の発信からはじまっても、子どものなかにより楽しくなるようなアイディアが生まれ、まわりの子どもたちと一緒に自分たちの遊びへと展開させていくことができれば、より主体的な遊びになります。
　最初から最後まで保育者が敷いたレールの上をなぞるような画一的な活動ではなく、子どもたちの興味や欲求に寄り添った柔軟性のある活動を心がけましょう。

＊近い言葉に「一斉保育」「設定保育」、または一日の計画のなかで「主活動」とか「中心となる活動」などがあります。「一斉保育」や「設定保育」という言葉は教師主導のイメージが強いこともあり、本書では、保育者が発信する内容をみんなで行う活動のことを「保育者発信の一斉活動」としました。

援助のポイント
〜子どもたちの主体性を引き出すために〜

「一斉活動」というと、保育においては、「自由遊び」と対峙するものととらえられる場合があります。しかし、実は一斉か自由かというのは指導形態を指すもので、重要なのは一斉でも自由でも、いかに子どもたちの主体性が保証された活動になっているか、ということです。

一斉活動は保育者主導になりやすく、画一的な保育に陥る危険があります。だからこそ、子どもたちが主体的にその活動に取り組めるような配慮や工夫が大切です。

❶ 題材や活動が発達段階に即しているか。興味・関心に合っているか

子どもたちの日々の様子を丁寧に観察し、活動が子どもの実態や生活と乖離しないように留意します。発達段階をよく見極めるとともに、子どもたちが興味をもっているものややりたいことは何かなどをリサーチしましょう。

❷ 子どもたちが考え、選ぶ場面を用意する

保育者の発信からはじまる活動でも、子ども自らが考え、選択できるような自由度のある場面を用意しましょう。活動のなかに子ども自らが決定できる場面と、適切な選択肢を用意することは、子どもたちの主体性を保証することにつながります。

たとえば「とんとん相撲人形」（p.96-97）では、クマやキツネなど、どんな人形を作るかをまず自分で決めて、人形を作るパーツを選び、その組み合わせを考えて作ります。その結果、子どもによってさまざまな人形ができあがるのがおもしろいところです。

❸ 応答的なやり取りを心がける

一斉活動での保育者は、自分の計画にもとづき一方的に活動を進めがちです。子どもたちの様子をよく見て、子どもたちの声を拾いながら、対話的に活動を進めることが重要です。

❹ 「おもしろい」「やってみたい」という気持ちにする導入

一斉活動は、保育者が子どもたちにふさわしい活動として選んだものを、保育者が発信することからはじまります。そこで大切なのが、子どもたちが「おもしろい」「やってみたい」と思うよう導入を工夫することです。とくに、保育者がモデルとなって実際に楽しくやって見せることは、子どもたちの気持ちを強く惹きつけます。

❺ 一斉活動と遊びのつながりをもたせる

たとえば、読み聞かせをした本を子どもがいつでも手に取れるところに置く、一斉活動で作った製作物を遊びたいときに取り出して遊べるようにするなど、一斉活動での経験を遊びのなかに取り入れられるよう、一斉活動と遊びのつながりを意識しましょう。自分たちが再現するなかで、その遊びはより主体性のある遊びになります。

0・1・2歳児の
中心となる活動

0・1・2歳の活動は、できた喜びよりも、握る、つかむ、貼る、入れるといったプロセスそのものを楽しみます。こうした活動をたっぷりと経験し、3歳以降の表現活動につなげていきましょう。

目的

★手指の育ちを育む

　この時期の子どもは、物を介して指や手を動かしながら、手指の巧緻性を育んでいきます。一人一人の育ちの様子に合わせて活動を展開していきましょう。

★さまざまな素材にふれ、五感を通して楽しむ

　軟らかい、硬い、冷たい、温かいなどさまざまな感触を感じたり、形や色彩を見たりするなど、五感を通して活動を楽しみます。

★保育者とのふれあいを通して体を動かすことの楽しさを味わう

　わらべうたや手遊びなど、音楽やリズムを感じて全身を使う遊びを、保育者とのふれあいを通して楽しむことが大切です。

0・1・2歳児の活動とは

さわる、握る、
つかむ、つまむ

入れる、出す、貼る

ちぎる、破る

保育者の役目は、
子どもがやってみたいと
思える魅力的な環境を
用意すること !!

大切にしたいこと

0・1・2歳児の中心となる活動

援助のポイント

一人一人への対応

　乳児期、幼児期前期の活動は、複数の子どもたちと一斉に活動するよううながすことはせず、一人一人への対応が基本となります。また、育ちの姿や活動への関心も子どもによって異なります。そのため、活動を取り入れる際には、その子に適したうながしや言葉がけなどをし、個別性への配慮を心がけましょう。関心をもたない場合には無理に誘わないようにします。

乳幼児期の発達の特徴をふまえた活動

　活動の主役となる手指の発達が進む一方で、コントロールするのはまだまだ難しい時期です。そのため、道具を使っての製作ではなく、指先を使って楽しめる活動を工夫することが大切です。

　手指の発達は、おおむね次のように進みます。

　ふれようとする→さわる→握る→指全体でつかむ→指先でつかむ→指先でつまむ

　こうした育ちの姿は、発達の時期の目安はありますが、一人一人異なります。個々の子どもの手指の発達の特徴をふまえ、その時期に適した活動を取り入れましょう。

　スクリブル（なぐりがき画）など、クレヨンなどを使っての描画も見られます。指先に力が入りにくいので、色鉛筆など硬質の素材ではなく、フェルトペンやクレヨンなど容易に色がつく描きやすい素材を用意しましょう。

保育者との関わりを大切に

　この時期は、保育者を拠り所に世界を広げていきます。子どもだけで活動を進めるのではなく、保育者がつねに寄り添い、保育者が子どもにふれあいながら言葉をかけ、取り組みを進めます。

　また、保育者がお手本となって先に活動を示すなどして、子どもの「やってみたい」気持ちをうながし、一緒に活動を楽しむようにします。

★安全面に配慮を

乳幼児期は、感覚の優れている舌で、物の感触を確かめていることがあります。小さな物を扱う際には誤飲などの安全面に配慮し、保育者がつねに見守るようにしましょう。

発達と遊びの目安

クラス	時期	手指の発達	全身の育ち
0 歳児クラス	0歳後半	◆ 見たものをさわろうとするなど、目と手の協応が見られる ◆ 両手を合わせようとする ◆ 指先全体でつかもうとする ◆ 小さい物をつまもうとする ◆ つまんで容器から出したり、外したりする	◆ おすわりする ◆ はいはい、つかまり立ちが見られる ◆ 高ばいや伝い歩きが見られる ◆ 音に反応する ◆ 指さし行動が見られる
1 歳児クラス	1歳前半	◆ 指先に力を込めようとする ◆ 両手を操作する ◆ 指全体を使って、紙をちぎる	◆ つかまり立ちで移動しようとする ◆ 一人で立つ ◆ 一人歩きがはじまる
	1歳後半	◆ スコップですくう、フォークで刺す、など物に適した行為ができるようになる（対象的行為の獲得） ◆ ファスナーを引き、開け閉めする	◆ よちよち歩きを楽しむ ◆ しゃがんで、立ち上がる ◆ 階段を一段上って（下りて）、また一段というように上り下りする。
2 歳児クラス	2歳前半	◆ 両手にそれぞれ異なる道具を持ち、異なる動作が可能になる ◆ 指先に力を込める ◆ 大きめのボタンの付け外しができる	◆ 歩行が安定する ◆ 両足でジャンプする ◆ 手すりにつかまりながら階段を上り下りする
	2歳後半	◆ 簡単な道具を使いはじめる（はさみの一回切りなど） ◆ スナップやホックを開け閉めする	腕でバランスをとりながら、短い距離を走る
	3歳	◆ はさみの連続切り ◆ 道具を使って作品を作ったり、絵を描こうとする ◆ 指先のコントロールができる	走る、ジャンプする、かがむなど基本的動作の獲得

物を使った遊びと特徴	体を使った遊び
持つ、つかむ、つまむ ガラガラなどを持って振ったり、なめたりする。おすわりして物を振ったり、投げたりする活動を楽しむ。つまんで容器から出したり、突起を外そうとしたりする **出し入れ** 容器から出し入れすることを楽しむ **感触遊び** 砂や水などの感触を楽しむ。ジョーゼットなどの布遊びを楽しむ	**ふれあい遊び** 保育者に抱っこされたり、支えてもらって座るなどしてふれあい遊びを楽しむ **やり取り遊び** 保育者と「いないいないばあ」や「ちょうだい」「どうぞ」などのやり取りを楽しむ
積む 積み木を積む（2個） **つかむ** 積み木を両手に持って音を出して合わせる。フェルトペンやクレヨンを使ってスクリブルが見られるようになる	**歩く** 歩くことそのものを楽しむ。保育者に手を引かれて歩く **かくれ遊び、マテマテ遊び** 保育者とかくれ遊び・マテマテ遊びなどを楽しむ。バイバイと手を振るなどする
つまむ、積み上げる 物をつまんで、穴などに入れようとする。積み木を複数個積み上げようとする **使う** 円状のスクリブルが見られる。絵本のページをめくる。両手に道具（シャベルとカップ）を持って異なる動きをする **ちぎる、破る** 紙をちぎる、破るなどを楽しむ	保育者とのマテマテ遊びを楽しむ。カーテンに隠れたり、布に隠れたりとかくれ遊びを楽しむ。テントトンネルなどをはいはいでくぐって、反対方向まで進む **探索遊び** いろいろと試したり、移動したりする探索遊びを楽しむ
並べる、つなげる 物を一列に並べたり、横につなげたりするようになる **整える** 粘土をちぎったり、丸めたりと形を整えようとする。ビンのフタを回したり、ビン口と合わせようとする	リズムに合わせて体を動かす。指遊び、手遊びなどを保育者の姿を見ながら取り組む
作る 作りたいものをイメージし、ブロックなどでイメージしたものを作ろうとする。閉じた丸を描く子どもも見られる。指先のコントロールができるようになる **見立てる** 描いた物を見立てる。物の大小、量の多少などの概念の理解が進み、比較をする	リズムのあるダンスを楽しむ。音やリズムに合わせて体を動かすことを楽しむ。ジャングルジムの中に入ったり、鉄棒をくぐったりして楽しむ
作る、描く 作りたいものを決めて、取り組むことができる。イメージしたものを描こうとする **フリ、つもり** 思い描いたもののまねをして、フリ遊びを楽しむ	ダンスを覚えて踊る。三輪車の足こぎを楽しむ。すべり台に登り、すべり降りる遊びを楽しむ

どこかなかくれんぼ

ねらい 保育者とのコミュニケーションを楽しみ、愛着（アタッチメント）を形成する

0歳児クラスの後半ごろには、はいはいや一人歩きで自分で移動することが可能になります。カーテンや台の下などに隠れて、保育者が見つけてくれることを待つ遊びも見られます。また、布などを自らかぶったり、保育者にかけてもらって「ばあ」と出てくるなど、「いないいないばあ」の発展形などでやり取りを楽しみます。こうした遊びは、のちのかくれんぼ遊びにつながっていきます。

準備しておくもの

◆ パーテーション（間仕切り）や台など、隠れられる素材
◆ 柔らかい布や、ジョーゼットなど薄い素材の布

※ 活動の展開例

導入【2〜3分】

①はじめに保育者がパーテーションなどに隠れ、「○ちゃん、どこかな」と言葉をかける。子どもが声を出すなど反応を見て、「ばあ」と出てくる。何度かやり取りを楽しむ。

展開【5分】

②保育者が隠れて「○ちゃんどこかな、どこかな」と言いながら、隠れる時間を少しずつ長くしてみる。子ども自身が隠れるそぶりが見られたら、同じように「どこかな、どこかな」と長めに声をかける。

> 完全に隠れるのではなく、言葉をかけたり、体の一部だけ隠すなど、そばにいるメッセージは伝えましょう。

③見つけたら「○ちゃん見つけた！」と言い、スキンシップをする。

ゆうちゃん、どこかな

④その様子を見ている他児にも言葉をかける。「△ちゃんどこかな、どこかな」と言いながら、隠れたり、探すふりをする。

⑤別の子どもに「一緒に○ちゃんと△ちゃんを探しましょう」と伝える。子どもは声をあげたり、顔を出したりする様子があるが、「どこかな、どこかな」と探すふりを少し続ける。

⑥しばらくして「○ちゃん、見つけた！」と声をかけ、子どもを抱きしめる。

⑦もっと続けたい様子が見られたら、繰りかえし楽しむ

あおいちゃん、見つけた！

まとめ【2分】
⑧子どもが別の遊びに関心をもちはじめた様子を見て、おしまいにする。

Point

　保育者が見えないと、不安になって泣いてしまうこともあります。少し体や顔を出して「どこかな」と声をかけて遊ぶことでも十分に楽しめます。子ども自身も顔だけ隠して、体は見えていることがありますが、すぐに「見つけた！」とは言わずに、探すふりを楽しみましょう。

✳ 年齢別の楽しみ方

0歳児
保育者と対面して、ジョーゼットなどの柔らかい布を子どもの顔に優しくかけ、「いないいないばあ」を楽しみます。

2歳児
保育室のなかでカーテンや台などを目隠しに、かくれんぼ遊びの芽生えを楽しみます。

┃ ふれあい遊び ┃

いっぽんばしこちょこちょ

ねらい　**保育者とふれあい、スキンシップを楽しむ**

ふれあい遊びは、保育者が子どもとスキンシップをとりながら、体を動かす遊びです。わらべうたなどのシンプルなメロディに合わせたり、リズミカルな動きを楽しんだりすることで、保育者とのふれあいを楽しみます。

準備しておくもの

◆ 子どもと安全にふれあえる
　ようなスペース
◆ ふれあい遊びとともに歌う
　メロディ

【メロディの選び方】
①歌いやすいこと
②繰りかえしがあること
③わらべうたなど
例：「いっぽんばしこちょこちょ」
「ちょちちょちあわわ」「おんまはみんな」など

✳ 活動の展開例

導入 【2分】

①子どもに「○ちゃん、遊びましょう」と言葉
　をかける。

②子どもをゆったりと抱き上げて手のひらを
　さわる。または、向かいに座り、子どもの手
　を取る。

③「こちょこちょね」と声をかけ、遊びがはじ
　まることを伝える。

こちょこちょね

「いっぽんばしこちょこちょ」 わらべうた

いっぽんばし　こちょこちょ　すべってたたいて　つねって　かいだんのぼって　こちょこちょ

展開【7分】

④子どもの表情や目を見ながら、子どもの手を取り、ゆったりと優しく歌いかける。

【遊び方】

①♪ いっぽんばし

片方の手で子どもの手のひらを持ち、もう片方の人差し指で手のひらをなでる。

② こーちょこちょ

手のひらをくすぐる。

③ すべって たたいて

手のひらに指先をつるんとすべらせ、優しくたたく。

④ つねって

手のひらを軽くつねる。

⑤ かいだん のぼって

指2本で手のひらから肩に向かって腕をトコトコとのぼる。

⑥ こちょこちょこちょ

両手で体全体をくすぐる。

⑤子どもの「もう1回」の要求に応え、繰りかえし遊ぶ。

> 両手での遊びに展開したり、足の裏で同じようにふれあっても楽しめます。

まとめ【1分】

⑥子どもの満足した様子が見られたら、抱きしめておしまいにする。

Point

　子どもの表情や目を見ながら、優しく、ゆったりと関わります。子どもの手、足、体全体などを歌のリズムに合わせて動かします。同じ向きでひざに乗せて手を取ったり、向かい合って体を支えたりするなど、子どもとスキンシップをとりながら遊びます。

　遊びの形に決まりはありません。子どもの様子に合わせて自由にアレンジしましょう。嫌がる様子が見られたら無理せずに、声をかけたり、手を取りながら歌いかけるだけでもかまいません。

オススメのふれあい遊び

でこちゃん はなちゃん

> 顔はデリケートな部分なので、優しくタッチしながらゆっくり歌いましょう。

①♪ でこちゃん

人差し指で子どもの額を軽く2回さわる。

② はなちゃん

子どもの鼻の頭を軽く2回さわる。

③ きしゃ ぽー

人差し指で子どもの頬に円を2〜3回描く。

④ ぽ

子どもの頬に人差し指を軽く置く。

わらべうた

で こ ちゃん　は な ちゃん　き しゃ ぽ ー ぽ

どっちん かっちん

①♪ どっちん かっちん かじやのこ
はだかでとびだす ふるやのこ

子どもをひざにのせ、歌に合わせてひざを上下させる。低年齢児はゆっくりしたテンポで。

②（ドシーン）

2歳ごろからはリズミカルに上下に早く動かして、歌の最後にひざを開き、「ドシーン」と子どもをゆっくりと下におろしてもよい。

わらべうた

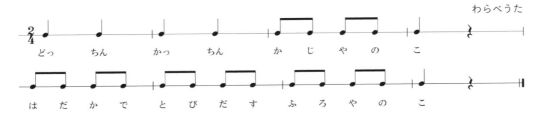

どっ ちん　かっ ちん　か じ や の こ
は だ か で　と び だ す　ふ ろ や の こ

いちり にり

赤ちゃんの体のツボを刺激することができます。赤ちゃんと視線を合わせながら、ゆっくりとやってあげましょう。

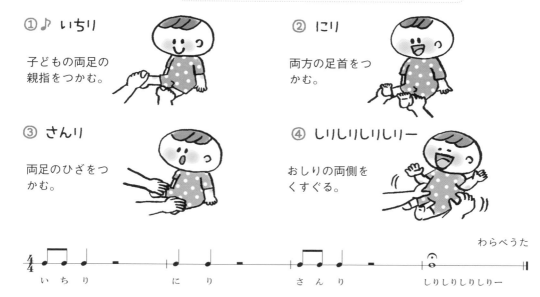

① ♪ いちり

子どもの両足の
親指をつかむ。

② にり

両方の足首をつ
かむ。

③ さんり

両足のひざをつ
かむ。

④ しりしりしりしりー

おしりの両側を
くすぐる。

わらべうた

いちり　にり　さんり　しりしりしりしりー

Point

　決まった歌でなくても、「ゆーらゆらー」「ぱっぱっぱ」などオノマトペを言いながら、リズミカルに体を揺らしたり動かしたりしても楽しめます。子どもは「パピプペポ」などの破裂音を好みますので、ふれあいながら声をかけてもよいでしょう。

★マザリーズ、歌いかけの大切さ

　子どもたちは他者の表情だけでなく、声のトーンやリズミカルな言葉がけ（歌いかけ）にも高い関心があり、よく反応します。

　やや高めで抑揚があり、ゆっくりと話す声のトーンのことを「マザリーズ」といいますが、乳幼児期はこうしたトーンを好み、関心を示しやすく、安心感を感じるようです。

　また、「けーいーちゃん♪」などとリズミカルに子どもに話しかけることにより、単調に話しかけられるよりも関心を示しやすいことがわかっています。こうしたリズミカルな言葉がけを「歌いかけ」と呼び、NAEYC（全米乳幼児教育協会）では、「歌いかけ」の重要性を次の10の視点から述べ、近年注目されています。

【歌いかけから赤ちゃんが学ぶ10の力】
10ways Babies Learn When We Sing To Them

① Bonding（絆を深める）
② Transition（生活の節目を理解する）
③ Language（言葉の基礎ができる）
④ New words（新しい単語を覚える）
⑤ Rhythm and rhyme（リズムと韻を楽しむ）
⑥ Play（遊びとして楽しむ）
⑦ Family Fun（親子で楽しむ）
⑧ Singing names（リズミカルに名前を覚える）
⑨ Listening skills（聴くことの基礎を養う）
⑩ Love（愛が生まれる）

出典：NAEYC HP より筆者訳
「Articles for Families on Creative Arts and Music」
https://www.naeyc.org/our-work/families/10-ways-babies-learn-sing-to-them

0・1・2歳児の中心となる活動

【0・1・2歳児】 オススメのふれあい遊び

絵本で遊ぼう

指導計画（例）➡ p.146

ねらい
● 言葉の響きや繰りかえしを楽しむ
● 絵本の世界と身のまわりのことがつながる

低年齢児クラスの絵本とのかかわりは、繰りかえしのおもしろさや色彩、登場人物の表情、言葉のリズムや響きを楽しみます。子どもたちとのやり取りを楽しみながら読み進めましょう。

準備しておくもの

◆ 繰りかえしや言葉の響きがおもしろい絵本
◆ 保育者とのコミュニケーションが楽しめる絵本

おすすめの絵本

『てんてんてん』
わかやましずこ／作
福音館書店　1998 年

『いないいないばああそび』
きむらゆういち／作
偕成社　1988 年

『くっついた』
三浦太郎／作
こぐま社　2005 年

『できるかな？
あたまから つまさきまで』
エリック・カール／作
くどうなおこ／訳
偕成社　1997 年

『だるまさんが』
『だるまさんの』
『だるまさんと』
かがくいひろし／作
ブロンズ新社

❋ 活動の展開例

導入【2分】

①子どもたちに表紙を見せて、絵本への期待を高める。

展開【3〜15分】

②1ページごとに、「なんの動物かな？」と子どもに尋ねたり、言葉の響きを子どもたちと復唱するなど、場面をじっくりと楽しむ。食べ物が出てきたら「アムアム、おいしいね」とフリ遊びをしたり、動物には「犬さんだね、ワンワン」と言葉を添えたりする。

③「いないいないばあ」や「くっついた」と動作が出てくる絵本では、子どもといないいないばあを実際にしたり、ほっぺを合わせて「くっついた！」と言い合うなど、ふれあいを楽しむ。登場人物の動作を一緒に再現して楽しむ。

まとめ【2分】

④絵本の世界をともに楽しんだ余韻を感じ合う。

Point

● 絵本の文章を読むだけでなく、絵に注目するよううながしたり、おもしろい響きの言葉を繰りかえしたり、登場人物と同じ動作をするなどして、子どもたちと楽しみながら読み進めます。場面に合わせて保育者とのふれあい遊びを楽しみましょう。こうした絵本を介してかかわりを深めることを「読み合う活動」と呼びます。

● 0・1歳児クラスでは、一人一人に対応します。2歳児クラスでは、みんなで一斉に見る姿がありますが、子どもたちの興味・関心に寄り添って、読み進めるとよいでしょう。

● オノマトペなどの表現は、はっきりと抑揚をつけて表現力豊かに読むことを心がけ、ページを移すタイミングは子どもたちの様子を見ながら、ゆっくりとめくるようにします。

● 2歳児になると、メインとなる活動の導入として絵本を用いることで、読んだ絵本のイメージをふくらませて活動に取り組む様子も見られます。（たとえば、絵本『できるかな？ あたまからつまさきまで』に登場する動物たちのまねをするなど。）

┃ 指先の遊び ┃

ちぎって遊ぼう

ねらい
- 子どもの手指の育ちをうながす
- 両手を使って遊びながら、形の変化に気づく

乳幼児の活動を考えるときは指先の育ちを考慮に入れます。ちぎる、握る、破るなど素材に親しみながら、指先を使う活動を楽しみ、その後の遊びにもつなげていきます。

指導計画（例）➡ p.144

▰ **準備しておくもの**

- ◆ 色画用紙　＊1歳児は5cm四方、2歳児なら10cm×20cmほどにカットしておく
- ◆ 折り紙
- ◆ 新聞紙　＊8分の1くらいにカットしておく
- ◆ 花紙
- ◆ 素材を入れるトレー、ボウルなど　＊テーブルごとに異なる素材を用意しておいてもよい
- ◆ Ver.1：半透明のポリ袋（30cm×30cm程度）　Ver.2：カラフルなポリ袋（30〜45L程度）

❋ 活動の展開例 ------------------------------

導入【1分】

①保育者は子どもに素材を見せながら、「紙をビリビリー」とか「クシュッとすると小さくなるね」と紙を破いたり丸めたりして見せる。

> 手を加えることで形が変化するおもしろさが伝わるようにしましょう。

展開【7分】

②子どもたちに紙を種類ごとに1枚ずつ渡し、それぞれをちぎる、破る、握るなどを楽しむ。ちぎることが難しい場合には、クシュッと握って小さくしたり、端と端をつかんで引っ張って破るなどを試みる。

> 新聞紙など大きめの紙の場合は、体全体を使ってダイナミックに破る、握るなどを楽しみましょう。

③小さくなった紙は素材ごとにボウルに入れる。まだちぎれそうな大きさの紙があれば、子どもをうながして小さくすることを楽しむ。新聞紙など大きめの紙は一か所に集めておく。

④ Ver.1 いろどり風船：保育者がポリ袋を持ち、中に紙片を入れる様子を子どもに見せる。「今度は袋の中に入れてみよう」などとうながす。色とりどりの紙片を入れたら袋の口を閉じ、風船状にする。

Ver.2 新聞紙人形：色つきポリ袋に新聞紙を入れる。遊びにつながるよう、「これからこの袋が掃除機になります。吸い込みまーす」などと言いながら新聞紙を中に入れ、子どもたちにも袋に入れるよううながす。すべて中に入ったら口を閉じ、目や鼻をつけるなどして、「お友達がやってきました！」とビックサイズの人形を作る。

まとめ【2分】

⑤活動の最後には風船で遊んだり、人形と親しむなどして、指先の遊びから全身の遊びにつなげる。

Point

● 子どもが興味をもつように、はじめは保育者がちぎる、破るをやって見せて、イメージをもつことができるようにします。色画用紙のように硬めの紙は、大きすぎるとちぎりにくくなるので、適宜カットしておくとよいでしょう。

● ちぎったり破ったりする際に「ビリー」「バーン」「クシュッ」などと声を添えてみましょう。物を介してのやり取りが生じ、保育者が見ていてくれるうれしさ、行為に音声が加わるおもしろさで活動がより楽しくなります。

✳ 年齢別の楽しみ方

0 歳児　色画用紙ではなく、薄い素材の折り紙や花紙などをクシュッと握らせたり引っ張ったりしても、形が変わって楽しめます。

1 歳児　風船状にしたものにストローなどを付けて持ち手を作ると、ヨーヨーのように振ったり、投げたりして遊べます。

2 歳児　新聞をダイナミックに破ったり、新聞紙の海で泳がせたりと、はじめから全身運動で楽しみます。最後には、子どもたちに親しみのある生き物（カブトムシ、クマ、ゾウ、あおむし）などに見立てると、終わりまで楽しめます。

マテマテ遊び

ねらい
- 子どもの体の育ちをうながす
- 追いかけられることで、保育者との関係性を育む
- 鬼ごっこの芽生えを楽しむ

子どもたちは追いかけられることが大好きです。保育者が「待て待て」と声をかけながら追い、つかまえたときにスキンシップをすることで、子どもとのコミュニケーションが育まれます。

準備しておくもの

◆ 子どもたちが親しんでいて、イメージしやすい動物のお面などがあると楽しめる。
例：ライオン、ゾウ、カメ、うさぎ

✳ 活動の展開例

導入【2分】

①お面をかぶり、「先生はライオンさんに変身しました」とライオンの真似をする。「ライオンさんが○ちゃんを捕まえちゃいます」と身振りを添えて優しく伝える。

展開【12分】

②保育者は「ライオンさんが○ちゃん、△ちゃんマテマテ」と言って、子どもたちを追いかける。つかまえたら「ライオンさんがつかまえちゃいました」と伝える。

③やり取りを楽しんだら、「こんどはつかまえたら、ぎゅーってするね」と伝える。子どもが逃げたらつかまえて「ぎゅー」と伝えながら抱きしめ、ふれあいを楽しむ。

まとめ【1分】

④ふれあった余韻に浸り、次の遊びに移る。

ゆうちゃん、
しゅんくん、
マテマテ

Point

言葉だけでイメージを思い浮かべることが難しい時期です。鬼役は「ライオン」などのお面で表現したり、捕まったら帽子の色を替えるなどして、視覚的にもわかりやすいような工夫が大切です。

✳ 年齢別の楽しみ方

2歳児

クラスみんなで楽しめるようになったら、ラインを引き「ここに入ったら、つかまらない場所」などという場所を作ったり、つかまった子どもの帽子の色を替えて鬼になるといった簡単なルールを取り入れはじめてもよいでしょう。

> ルールの理解が難しい様子であれば、柔軟に受け止めます。

★ 0・1・2歳児の遊びの育ち

3歳未満の子どもたちは、その時期に特徴的な遊びの姿があります。この時期は、遊びと心身の発達が大きく関わり、好む玩具も育ちによって異なるため、それぞれに適した素材や玩具を選ぶ配慮が必要です。もちろん個人差はありますが、それぞれの時期の遊びの特徴を知り、また子ども一人一人が何におもしろさを感じているかをとらえ、援助することが大切です。

【0歳児】
握る、つかむ、つまむ、振る、手放す／「見る」ことも遊び／五感を通した遊び／大人とのふれあい遊び
【1歳児】
探索遊び／形状と感触を楽しむ／繰りかえしと変化を楽しむ／人形遊び（抱っこやおんぶが好き）／一人遊び／大人と遊びたい
【2歳児】
想像遊びの芽生え／見立て・フリ・つもり遊び／人形遊び（お世話が好き）／お友達のまねっこ・並行遊び／大人には見守っていてほしい

（縦書き）
0・1・2歳児の中心となる活動
【1・2歳児】　マテマテ遊び

| 感触遊び |

寒天遊び

ねらい ● 子どもの手指の発達をうながす
　　　　● 触感を通して五感を育む

さわる、握る、つかむ、踏むという動作を通し、感触を楽しむとともに、手指の発達や五感の育ちをうながします。素材は、多様な感触が得られるさまざまなものを用意し、触感を通して五感を育みます。

準備しておくもの

◆ 寒天の材料
　粉寒天　24g
　水3L
　食紅3色（赤・青・黄など）
◆ 床に敷くブルーシートやビニールシートなど
◆ テーブル
◆ バット　3個（寒天作り用）
◆ タライまたは大きめのバット　適宜（遊び用）
◆ 汚れてもいい服。スモックやエプロンなど
◆ 手ふきタオル
◆ プリンカップ、プラスチックカップ、クリアカップ、スプーンなど

【寒天の作り方】
＊粉寒天のパッケージも参照する
① 鍋に寒天の粉末8g（小さじ2杯程度）と食紅と水1Lを入れて火にかけ、かき混ぜながら煮溶かす。
② 沸騰したら弱火にして数分煮たあと、火からおろす。
③ バットに入れて冷まし、冷蔵庫で冷やす。固まったらでき上がり。
④ 同様にもう2色も作る。

❋ 活動の展開例

導入【5分】

① 保育者がバットから寒天を取り出し、子どもたちに見せる。揺らして「プルルンと揺れるね」と伝えたりする。

② 「これは寒天というものです。みんなでさわってみましょう」と伝え、関心がもてるようにする。

展開【13分】

③ 4人ずつほどのグループにし、バットに入れた3色それぞれの寒天をさわるよううながす。

④はじめは片手でさわる。おそるおそるさわる子どももいる。子どもの様子を見ながら、保育者が子どもの手に寒天をのせる。

⑤大きめのバットやタライなどを用意して寒天を入れ、感触遊びをさらに楽しむ。塊を変えたり、手のひらでつぶしてみたりして、形状の変化を楽しむ。片手から両手で楽しむ。

⑥全身を使って感触を楽しんだり、よくさわるなど、ダイナミックに遊ぶ子どもも見られる。

⑦感触遊びを十分に楽しんだら、プリンカップなどを使ってすくい、「ゼリーみたいね、アムアム」と見立て遊びをうながす。

⑧赤と黄色を混ぜて緑色を作ったり、赤と青色を混ぜて紫色を作ったり、さまざまな組み合わせを楽しむ。

まとめ【2分】

⑨みんなで感触遊びや見立て遊びを楽しんだことを振りかえる。

Point

　寒天のプルプルとした感触を楽しむことを目的に、遊びを展開します。展開例のほかにも、足で踏みつぶしたり、頰につけて冷たさを楽しんだりしてもおもしろいです。手のひらの感触は敏感なので、はじめは少しとまどう子どもも見られます。無理にさわらせるのではなく、子どもの様子を見ながら指先から手のひら、手の甲など、保育者を介してふれることでだんだんと慣れてきます。

✷ 年齢別の楽しみ方

0 歳児
1 歳児

量を減らし、小さめの器を用意することで遊ぶこともできます。寒天は食材なので安全ですが、口に入れたりすることもあるので注意します。または、異なる素材を集めた感触遊びも楽しめます。
素材例：触感の異なる布／ポリ袋（レジ袋）／プラスチックチップ／新聞紙／水入り風船／食材用ジッパー袋に数色の色水やお湯、氷水を入れる

保育者が子どもの手を取るなどして、ともに活動を楽しめるようにします。誤飲が起こらないように大きさに配慮しましょう。

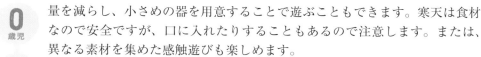

音楽

音や音楽は、子どもたちの心に直接働きかける力をもっています。歌ったり、演奏したりすると、心が解放されて楽しい気分になります。豊かな感性や表現する力を育てましょう。

目的

★豊かな感性を育む

豊かな感性は自然や身近な環境のなかで、美しいもの、優れたもの、心を動かす出来事に出合い、気づき、感じることによって育まれます。保育者は子どもたちの気づきに共感的に関わることが大切です。

★表現する楽しさや喜びを味わう

歌う、楽器を演奏する、歌遊びをするなど、さまざまな音楽表現を通して表現する楽しさや喜びを経験しましょう。

★音によって友達とつながり、仲間とともに表現活動を楽しむ

仲間とともに音楽を経験することを通して一体感を感じたり、充実感を得ることができます。

幼児期の音楽表現とは

歌う
季節の歌、生活の歌、
子どもの歌
など

遊ぶ
手遊び、歌遊び、
わらべうた遊び
など

聴く
自然の音、
身のまわりの音、
声や楽曲などを聴く

動く
音や音楽に合わせて
動く、踊る、ダンス
など

鳴らす
音遊び・楽器遊び、
手作り楽器・合奏
など

 子どもたちがまねしたくなるよう、素敵に歌ったり踊ったり、音楽を楽しんで表現しよう!

大切にしたいこと

子どもの発達に合った歌や遊び歌を選ぶ

　選曲にあたっては、①題材、②音域、③長さを意識します。子どもの声域は大人より狭いので、高い音が多い歌は避けたり、移調するなどの対応が必要です（次ページ「発達と遊びの目安」参照）。また、ジャンケン付きの遊び歌（「かもつれっしゃ」など）は、ジャンケンの勝敗がわからなければ、遊びがスムーズに進みません。子どもたちの日頃の様子をよく見て、発達に即した歌や遊び歌を選びましょう。

日常生活や遊びとつながりをもたせる

　子どもの主体的な活動を引き出すためにも、子どもの興味や関心をよくとらえ、生活や遊びとつながりのある活動内容を考えましょう。

子どもたちの多様な表現を引き出そう

　表現とは、自分のなかにあるものを、媒体（言葉、音、動きなど）を通して外側に表すこと。感じ方が一人一人ちがうように、表される表現もまた、それぞれにちがいます。その子なりの多様な表現が引き出せるような活動を考えましょう。一人一人の多様な自己表現を認め、尊重することは、自己肯定感を育むことにもつながります。

ゆうとくんの音、ぞうさんが歩く姿にぴったりだね

\これは**NG！**/

● **能力や出来栄えでの評価**
　「できる、できない」「上手、下手」といった能力や出来栄えを評価するのではなく、自発的にやろうとする意欲や、作り出すまでの過程を評価しましょう。

● **どなり声**
　先生が「大きな声で」「元気に」と声をかけると子どもは張り切りすぎて、どなってしまうことがあります。「大きなお口で」「やさしい声で歌ってね」と、言葉がけを変えてみましょう。体を横に揺らしたり、歩きながら歌うことも、効果的な解決法です。

● **区切って教える歌唱指導**
　新曲を教える場合、保育者「♪おおきなのっぽの古時計、さんハイ」、子ども「♪おおきなのっぽの古時計」と2小節や4小節で区切って歌う指導を見かけることがあります。しかし、幼児はサビやオノマトペの歌詞など覚えた部分から歌い出し、音楽の流れのなかで歌をまるごと覚えます。歌詞を覚えさせることを急がず、リズムにのって楽しく歌う経験を大切にしましょう。

発達と遊びの目安　音楽

時期	60％の子どもが 歌唱可能な声域*	歌の長さと題材
3歳児 前半	ラ（A3）〜シ（B4）	◆「チューリップ」「かえるのうた」など、身近なものを題材とした8小節程度の簡単な歌
3歳児 後半		◆「どんぐりころころ」「おもちゃのチャチャチャ」など、オノマトペ（擬音語・擬態語）の入った短い歌
4歳児 前半	♭ラ（A♭3）〜ド（C5）	◆「とんぼのめがね」「そうだったらいいのにな」など、1番の長さは8〜16小節程度だが、全体では3〜5番まであるような歌
4歳児 後半		◆「ぼくのミックスジュース」「あわてんぼうのサンタクロース」など、リズミカルな歌
5歳児 前半	♭ラ（A♭3）〜♯ド（C♯5）	◆「にじ」「とんでったバナナ」「大きな古時計」など長い曲 ◆斉唱だけでなく「森のくまさん」のような交互唱も可能になる
5歳児 後半		◆「ともだちになるために」など、歌詞にメッセージが込められた歌 ◆「さよならぼくたちのほいくえん」など卒園式に向けた歌

＊細田淳子「子どもの声域と歌唱教材」『初等音楽教育』第2号、日本初等音楽教育学会、1994年、pp.37-39 を参考に作成

歌唱	手遊び・ 歌遊び・ わらべうた遊び	動き	楽器を 使った活動
◆ 音程は不安定だが、短くて簡単な曲であれば通して歌うことができる ◆ 気に入った歌を何度も繰りかえして歌う	◆ 保育者のまねをして、簡単な手遊びやからだ遊びを楽しむ	◆ 保育者の動きをまねて踊ろうとする ◆ 音や音楽に対して積極的に反応し、自分なりの関わり方で楽しむ	◆ 楽器とふれあうことを楽しむ
◆ 歌詞に振り（動作）をつけたり、リズムに合わせて体を動かすことを好む	◆「なべなべそこぬけ」や「もぐらどんの」など、簡単なわらべうた遊びを楽しむ		◆ すずやカスタネット、タンブリンなど簡単な楽器を鳴らして楽しむ
◆ 身近なことをイメージする力が備わってくるので、歌詞の内容を想像して歌を楽しむことができる ◆ 声域が広がり、歌全体を正確に歌えるようになる。保育者の伴奏にもおおよそ合わせて歌える	◆ 手先の運動能力も高まり、少し複雑な手遊びや、全身を使ったからだ遊びを好む ◆ お手合わせ歌（「お寺のおしょうさん」など）や役割交代のあるわらべ歌（「お茶をのみに」など）で遊ぶことを楽しむ	◆ 音楽に合わせて歩く、走る、いろいろな動物の動きを模倣することを楽しむ	◆ すず、カスタネット、タンブリン、トライアングルなど簡単なリズム楽器を用いて合奏ができる ◆ 手拍子や足拍子などを曲に合わせて鳴らすことを楽しむ
◆ 言葉の語彙力や記憶力が格段に伸びるので、歌詞の意味を理解して、長い歌でも歌うことができる ◆ グループで歌を発表し合ったり、リクエストタイムなどで好きな歌をみんなで歌うことを好む ◆ みんなと一緒に歌うことを楽しみ、気持ちを込めて表現できるようになる	◆ 数に対する興味も出てくるので、数が増えたり減ったりする手遊び（「のねずみ」など）を楽しむ ◆ ルールや役割交代のあるわらべうた（「あぶくたったにえたった」など）や縄跳び歌（「ゆうびんやさん」など）で遊ぶことを好む	◆ 筋力や調整力が発達するので、スキップやギャロップなどを音楽に合わせてできる ◆ 集団で踊ることを楽しむ	◆ 木琴や鉄琴など旋律楽器に興味をもつ ◆ リズム楽器や旋律楽器を組み合わせて、合奏ができる ◆ ミュージックベルの分担奏ができる

音　楽

発達と遊びの目安

| 歌唱 |

いもほりのうた

ねらい　いもほりをイメージしながら、「いもほりのうた」を歌うこと
を楽しむ

3歳児には、身近なものを題材とした短い歌を選びましょう。

準備しておくもの

◆ サツマイモの絵または写真
　4〜5枚（大・中・小と大きさのちがうもの）
◆ 茶色の画用紙またはタオル
　＊土に見立てて、サツマイモを隠すため
◆ ホワイトボード
◆ マグネット　数個

❋ 活動の展開例

導入【3分】

① 茶色の画用紙（またはタオル）の下にサツ
マイモ（4〜5個）が少し見えるように隠
し、マグネットでホワイトボードに貼る。

② 「あれ、ここに何か隠れているよ。掘って
みよう」と、保育者は両手でクワを持って
掘るしぐさをしながら1番を歌う。

> 明るい表情で、動作を大きく。最初はゆっくりと歌いましょう。

「いもほりのうた」 作詞／高杉自子　作曲／渡辺　茂

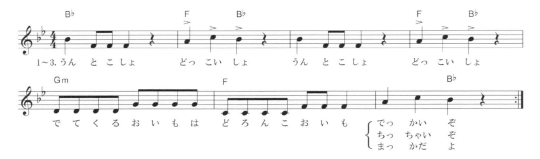

1〜3. うん　とこしょ　　どっこいしょ　　うん　とこしょ　　どっこい　しょ

でてくるおいもは　どろんこおいも
でっ　かい　ぞ　よ
ちっ　ちゃい　ぞ　よ
まっ　かだ　よ

展開【15分】

③「まだ出てこないね。みんなも一緒に掘ってみようか」と言い、保育者の歌に合わせて子どもたちも掘る動作をまねる。

④歌い終わったら、隠してあるサツマイモをひとつ出す。みんなが手伝ってくれたから、おいもが出てきてくれたことを伝える。「今度は歌も歌いながら掘ろう」と誘い、動作付きで1番を歌う。

⑤歌い終えたら、「みんなが歌ってくれたから、大きなおいもさんが出てきました」と大きなサツマイモを出す。

⑥次に歌の終わりを小さな声で「ちっちゃいぞ」と歌い、「あれ、ちっちゃいぞ、と歌うと小さいおいもが出てきたね」と小さないもを出す。

> どなり声で歌ったら、出ていたいもを茶色の画用紙に隠して、どなり声は好ましくない歌い方であることを伝えましょう。

⑦最後に、大きいおいもと小さいおいもを掘ることを伝え、2番まで歌う。

まとめ【2分】

⑧「でっかいぞ、って言うと大きいおいもが出てきました。ちっちゃいぞっていうと小さいおいもさんが出てきました、おもしろいね、また歌おうね」と次への期待をもたせて終わる。

Point
- 幼児は保育者が歌う姿を模倣して、歌を覚えます。保育者は表情豊かに楽しく歌うことがとても大切です。
- 年齢が低いほど、対面で、伴奏なしの素歌で歌いかけましょう。（素歌：伴奏なしで歌うこと、アカペラともいう）
- 子どもたちに歌を教える前に準備しておくこと
  ①歌を暗譜で歌えるようにする（とくに歌詞は完璧に覚えましょう）。
  ②伴奏をつかえずに弾けるようにする。
  ③導入を工夫する。

考えてみよう

3番までの歌詞に合った動作を考えて、子どもたちと歌ってみましょう。

| 歌唱 |

せかいじゅうのこどもたちが

ねらい　ペープサートを見ながら「せかいじゅうのこどもたちが」を
楽しく歌う

絵やペープサートなど視覚教材を使って、曲のイメージを伝えましょう。歌詞を覚える助けにもなります。

準備しておくもの

◆ 笑顔と泣き顔のペープサート

✳ 活動の展開例 --

導入【5分】

①新しい歌、「せかいじゅうのこどもたちが」を歌うことを伝える。

②「はじめに先生が歌うから聞いてね」と、笑顔と泣き顔のペープサートを見せながら、1番と2番前半（♪ラララうみもなくだろう）までを素歌で聞かせる。

展開【15分】

③「最初にどっちの顔が出てくるかよく見ながら聞いてね」と伝え、笑顔のペープサートを見せながら1番を歌って聞かせる。

④「世界中の子どもたちが一度に笑うと、空も笑うし、海も笑います」と歌を交えながら歌詞を確認し、子どもたちと一緒に1番を歌う。

⑤次に、泣き顔のペープサートを見せながら2番前半を歌って聞かせる。

⑥どんな顔が出てきたかを問い、「世界中のこどもたちが一度に泣くと、空も泣くし、海も泣くんだね」と歌を交えながら歌詞を確認したあと、子どもたちと一緒に歌う。

⑦ペープサートを見せながら、みんなで1番と2番前半までを通して歌う。

⑧ペープサートを見せる役割を子どもたちにやってもらい、数回歌う。

まとめ【5分】

⑨最後に伴奏に合わせて歌う。明日は続きを歌うことを話し、期待をもたせて終える。

Point

新しい歌を教えるとき、子どもが歌いたくなるような**導入を工夫**しましょう。

● 保育者が楽しそうに歌って聞かせる
● 絵やペープサートなどで歌のイメージを伝えながら歌う
● 簡単な動きや振りを付けて歌う
● 歌う前の日や、その日の朝にCDなどでその歌を流す
● 製作活動と連動させる（5月にこいのぼり製作の前やあとに「こいのぼり」を歌うなど）

「せかいじゅうのこどもたちが」 作詞／新沢としひこ　作曲／中川ひろたか

| 歌唱 |

うたえバンバン

部分実習指導計画（例）➡ p.152

ねらい 体を動かしながら、友達と「うたえバンバン」を歌うことを
楽しむ

歌は繰りかえし歌うことで、少しずつ覚えます。短い時間でも、毎日の生活のなかに
歌にふれる機会を多くつくりましょう。

✳ 活動の展開例

導入【10分】

①「歌に合わせて先生のまねっこができるか
な」と、歌のサビ（♪うた歌え……）を歌
いながら、バンバンの部分で体の部位（ひ
ざや肩など）をたたく。

②保育者はたたく部分を変えながら、何回か
サビを歌い、子どもたちはそれをまねる。

> サビの部分を何回か聴いて、新しい歌に興味をもてるようにしましょう。（サビ：曲の聞かせどころ）

③慣れてきたら、保育者の代わりに2～3人の子どもが、歌に合わせて好きな部位をたた
き、ほかの子どもはまねる。

展開【25分】

④歌詞をイメージしながら聴くように伝え、保育者が1番を範唱する。

⑤1番の歌詞を確認したあと、子どもたちと一緒に歌う。

> 「口を大きく？　小さく？　どっちだった？」などクイズで確認すると、子どもの興味を引くことができます。

⑥「バンバン」の歌詞に合わせて、好きな部位をたたきながら1番を歌うよううながす。

⑦立って歌うことをうながし、「自分の体だけでなく、友達と一緒にやってもおもしろいね」
と、友達と手を合わせたり、肩をたたきながら1番を歌う。

> 友達とのふれあいに夢中になり、歌っていない子どもがいたら、「そのうれしい気持ちを歌にできると、もっ
> と素敵だね」と、否定の言葉を用いず、歌に集中できるよう伝えます。

⑧友達と体を動かしながら一緒に歌うと気持ちがいいことを伝え、楽しく歌えているグループの様子を紹介する。

まとめ【5分】

⑨最後に保育者の伴奏に合わせて、友達とのふれあいを楽しみながら1番を歌う。

⑩この歌には2番と3番があることを伝え、次への期待をもたせる。

Point

歌詞送りとは、歌い出す直前や歌と歌のあいだで、これから歌う出だしの歌詞を短く伝えることです。タイミングよく入れることが重要です。歌詞があやふやなところで使うと効果的です。

「うたえバンバン」 作詞／阪田寛夫 作曲／山本直純

| 手作り楽器 |

どんぐりマラカス

ねらい　ペットボトルにどんぐりを入れてマラカスを作り、鳴らして遊ぶことを楽しむ

準備しておくもの

◆ ペットボトル　350㎖または500㎖
◆ どんぐり
　＊クヌギなど大きなものより、スダジイなど小さいほうが鳴らしやすい
◆ シール　3〜5色
◆ 下敷きまたはクリアファイル
◆ 子どもの名前を書いたビニールテープ
　＊下敷きやクリアファイルに貼っておく（マラカスの識別用）

✳ 活動の展開例 -

導入【5分】

①空のペットボトルにどんぐりを入れて、振って見せる。「素敵な音がするね」と子どもたちと音を聞いて楽しむ。

②「たくさん入れると、どうなるかな」と問いかけ、ペットボトルにどんぐりを半分以上入れて鳴らす。

> 多く入れすぎると重くて鳴らしにくいことに気づかせます。

すてきな音がするね

③「音をよく聞いて、この音が好き、と思うところでマラカスはできあがりです」とペットボトルのふたを閉める。3〜5色のシールを貼り、装飾して見せる。

展開【15分】

④好きな形や大きさのペットボトルを選び、どんぐりを入れる。音をよく聞きながら自分の好きな音がするところを探す。

⑤様子を見ながら、ペットボトルの底に名前を
　書いたビニールテープを貼る。

⑥ペットボトルに好きな色のシールを貼って、
　飾りつけを楽しむよううながす。

> 自分の好きな装飾をすることで、愛着がわきます。

まとめ【10分】

⑦できあがったマラカスを鳴らして遊ぶ。「お
　もちゃのチャチャチャ」「しあわせなら手を
　たたこう」など子どもたちが知っている歌を
　保育者がピアノで弾き、歌に合わせて鳴らし
　て楽しむ。

> CDで音楽を流し、それに合わせてもよいで
> しょう。

⑧棚の上やロッカーなど、しまう場所を伝え、
　「また鳴らして遊びましょうね」と言葉をか
　けて片づける。

> いつでも自由に持ち出して遊べるようにしましょう。

Point
- 小豆、マカロニ、ボタンビーズなど、中身を変えると音のちがいが楽しめます。
- 手作り楽器のポイントは、「良い音がすること」「すぐに壊れないこと」です。
- 事前にかならず試作品を作り、材料選びや作り方、子どもがつまずきやすいところ
　などを検討します。
- 早くできあがった子や遅い子への対応、個別配慮が必要な子がいるのかなども考え
　ておきましょう。

音楽

【3歳児】　どんぐりマラカス

| 合奏 |

歌詞に合わせて楽器を鳴らそう

ねらい　● いろいろな楽器の音のちがいを感じる
　　　　● 歌詞に合わせて楽器を鳴らすことを楽しむ

いろいろな楽器の音のちがいを楽しみながら、リズムにのって楽しく演奏しましょう。

準備しておくもの

◆ タンブリン、すず、たまごマラカスなど、3種類
　の楽器を合わせて人数分より多めに用意
◆ 楽器を置く机　3台（楽器ごとに1台）
◆ 楽器を入れるかご　3つ
◆ かごを隠す布　3枚
◆ 子どもがよく知っているリズミカルな曲
　＊「山のおんがくか」「幸せなら手をたたこう」など

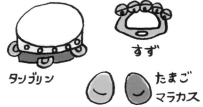

すず
タンブリン
たまご
マラカス

❋ 活動の展開例

導入【7分】

①タンブリン、すず、たまごマラカスをそれぞれ
　かごに入れ、3つの机にひとつずつ置き、布を
　かけておく。

②子どもたちは3グループに分かれ、それぞれの
　机を囲むように座る。

③保育者は各机をまわり、布の中に手を入れて楽
　器を鳴らし、何の楽器か当ててもらう。

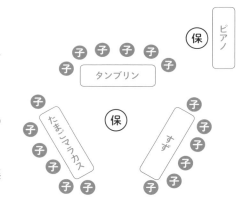

> 「どんな音がするかな」「いいお耳で聞いてみよう」など、
> 音に意識や興味をもつような言葉がけが重要。

④当たったら楽器を取り出し、楽器の紹介をして鳴らし方を説明する。

展開【20分】

⑤「わたしゃおんがくか」の歌に合わせて、全員が3種類の楽器を順番に演奏することを
　伝える。

> 楽器は乱暴に扱うと壊れてしまうので、投げたりひっぱったりせず、丁寧に扱うことを伝えます。

⑥保育者の歌う歌詞に合わせて1グループずつ楽器を鳴らす。演奏しないグループは座って聞くよううながす。

> 保育者は楽器を鳴らす見本を示しながら歌いましょう。

⑦楽器を交換することを伝え、タンブリンだったグループはすずに、すずだったグループはマラカスになど、グループごとに移動し、ちがう楽器を扱えるようにする。

⑧新しい楽器で、「わたしゃおんがくか」の歌詞に合わせて楽器を鳴らす。

⑨3通りの楽器を経験したら、音のちがいを示しながら、どの楽器が好きかを聞く。

⑩最後にみんなで好きな楽器で演奏することを伝え、保育者の弾くピアノ伴奏に合わせて演奏する。

まとめ【3分】

⑪楽器をもとのかごに戻す。

⑫いろいろな楽器を鳴らしてどうだったかを問い、次回はほかの曲にも合わせて演奏することを伝え、期待をもたせる。

Point

楽器を曲に合わせて演奏したいときは、子どもたちがよく知っているリズミカルな曲を選びましょう。とくに歌詞にオノマトペ（「チャチャチャ」「タンタン」など）がある歌は、自然と楽器を鳴らしたくなります。楽器を鳴らしやすいよう歌詞の一部を替えてもよいでしょう。

「わたしゃおんがくか」（「山の音楽家」の替え歌詞）元詞／水田詩仙　ドイツ民謡

音楽

【4歳児】歌詞に合わせて楽器を鳴らそう

| 楽器遊び |

音探し

ねらい　楽器の音色からイメージをふくらませ、絵カードに合った音を探すことを楽しむ

準備しておくもの

◆ 絵カード　画用紙1/4程度の大きさ
　セミ、カエル、馬、ゾウ、鳥、風、雨、カミナリ、
　波など、音のするものを描く
　＊画用紙は厚めのものを選ぶ
◆ 楽器
　すず、カスタネット、タンブリン、トライアングル、ウッド
　ブロック、ギロ、カバサ、マラカス、オーシャンドラムなど
◆ 音が出る身近なもの
　缶、あき箱、ラップの芯、新聞紙など

保

机の上に
楽器・絵カード

※ 活動の展開例

導入【5分】

①机の上にいろいろな楽器を並べておき、その中からひとつずつ楽器を鳴らして、何の音に聞こえるか子どもたちに問いかける。

> 子どもからの発言を受け止めながら、たとえばカバサだったら、砂利を歩く音、雨の音、水が出る音など、いろいろな音に聞こえることを知らせましょう。

机の上に並べるいろいろな楽器

●カスタネット　　●マラカス　　●ギロ　　●カバサ　　●すず

●オーシャンドラム　　●ウッドブロック　　●タンブリン　　＋缶や新聞紙など
音が出る、身近
にあるもの

展開【20分】

②絵カードを出し、「書いてあるものの音を探してみよう」と伝える。見本として絵カードを1枚引き、絵カードに合った音をみんなで考えてみる。

③5〜6人のグループに分かれ、代表がカードを引く。

絵カードは鳴き声や音のする生き物、身近な音を題材にするとイメージがわきやすいし、おもしろい。

④いろいろな楽器や物をたたいて鳴らし、グループで選んだカードのイメージにふさわしい音を探す。

> 「馬はヒヒーンという鳴き声もあるし、パカパカという足音もあるね」「風は弱い風もあれば強い風もあるね」など、音への具体的なイメージがわくような言葉をかけましょう。

⑤グループごとに発表する。

まとめ【5分】

⑥音探しで気づいたことや発見したことを発表しあう。選んだ楽器が「○○の音にも聞こえる」など子どもの気づきを受け止める。また、カードになかった題材で、音探しをしてみたいものを子どもたちに問い、次の活動につなげる。

Point

　子どもが見つけた音を共感的に受容しましょう。「おもしろい音を見つけたね」「ほんと、○○の音に聞こえるね」など、認めてもらったうれしさは、次の表現をする意欲へと結びつきます。

✳ 年齢別の楽しみ方

3 歳児　身近なものから、音への興味や関心を育てましょう。動物の鳴き声当てクイズ（録音しておいた動物の鳴き声を聞かせて当てる）なども楽しいです。

4 歳児　保育室や園庭で、どんな音が聞こえてくるか、音探しをしましょう。探してきた音をみんなの前で発表したり、音マップを作っても楽しいです。

わらべうた遊び

もぐらどんの

ねらい もぐら役を交代しながら、わらべうた遊び「もぐらどんの」を楽しむ

「もぐらどんの」は古くから伝承されてきた日本のわらべうた遊びです。集団で遊ぶわらべうた遊びは、仲間関係を育てます。

※ 活動の展開例 -

導入【3分】

①もぐら役の保育者（サブ）はしゃがんで寝たふりをする。保育者（主）は「あれ、もぐらどんが寝ているね。みんな集まってみよう」と言って子どもたちと手をつなぎ、もぐらを囲むように輪になる。

展開【15分】

②保育者（主）と子どもたちは「♪もぐらどんの おやどかね……」と歌いながら、まわる。

③「♪つちごろり……」から、だんだんともぐらに近づき、「ほい！」で止まる。

④**セリフ「もぐらさん、もぐらさん、朝ですよ、起きなさい」**もぐらに声をかける。

> 最初は保育者が、慣れてきたらみんなで声をかけましょう。

①②

③

もぐらさん
もぐらさん

④

⑤**セリフ「はーい」**
寝ていたもぐらは手を伸ばして立ちあがり、近くの子をつかまえる。輪のみんなは手をつないだまま、さっと後ろに退き、つかまらないようにする。

⑥もぐらにつかまった子が次のもぐらになり、遊びを繰りかえす。

慣れるまでは、保育者（サブ）がもぐら役を子どもと一緒に行うなどサポートします。

まとめ【2分】

⑦「また、あそぼうね」と声をかけて終了する。

Point

● もぐらを起こすときのセリフを「もぐらさん、もぐらさん、ごはんですよ、起きなさい」など、いろいろと変えて遊べます。
● わらべうたは、日本語の抑揚がメロディーになっているので歌いやすく、自然と音程感覚が身につきます。
● 役割交代のあるわらべうた遊びは、ルールを守って遊ぶなかで**協調性**や**社会性**を育みます。

「もぐらどんの」わらべうた

も　ぐ　ら　どん　の　おやどか　ね　　　つ　ち　ご　ろり　まいった　ほい!

✳ 年齢別の楽しみ方

4歳児　大人数で遊ぶときは、もぐら役を複数にして楽しみましょう。

5歳児　後半を鬼ごっこにするとスリルが高まります。もぐらが起きたら、輪の子どもたちは手を離して逃げ、もぐらは逃げる子をつかまえます。つかまった子が次のもぐらになり、遊びを繰りかえします。

音楽

【3歳児】もぐらどんの

| 音楽に合わせて踊る |

ごろごろえんどうまめ

ねらい ● リズムにのって歌ったり体を動かすことを楽しむ
　　　　● 歌に合わせて友達とのふれあいを楽しむ

子どもたちは音楽に合わせて体を動かすことが大好きです。はじめての友達、異年齢での交流、親子など、誰とでもすぐに楽しめます。

✳ 活動の展開例

導入【4分】

①保育者が「えんどう豆ってひとつのさやに豆が仲良く並んで入っているよ。みんなもえんどう豆みたいに仲良くくっついて、踊って遊ぼう」と誘う。

②一人の子どもと保育者は手をつなぎ、踊りの見本を見せる。

> 「ピョンピョン」では元気よく高く跳び、「あっちこっち」は顔と一緒に体を左右に向けて、わかりやすく。

展開【15分】

③みんなで二人組になって踊ろうと誘う。相手を見つけられない子がいないか、目を配る。

> 声がかけられない子には「一緒にしよう」と相手を見つけてあげたり、友達の取り合いになったら「次に踊るとき一緒に踊ろう」と伝えるといいでしょう。

④友達と手をつないで2〜3回、歌いながら踊る。

> はじめはテンポをゆっくりと。保育者の歌に合わせて踊ったり、録音した音源を使ってもよいでしょう。

⑤ちがう相手と二人組になって歌いながら踊る。

⑥様子を見て3人、4人と人数を増やして遊ぶ。

⑦子どもたちが覚えてきたら、保育者は伴奏を弾き、テンポを速くしたり遅くしたりして楽しむ。

まとめ【1分】

⑧友達と歌いながらジャンプしたり回ったりして楽しかったことを伝え、次は手をつなぐ人数を増やして遊ぼうと期待をもたせる。

【遊び方】

① ♪ ごろごろ　　　　② ピョンピョン　　　③ あっちむいて　　　④ ピョンピョン
　　 えんどうまめ　　　　　 ピョン　　　　　　　 こっちむいて　　　　　 ピョン

二人で手をつな　　　3回ジャンプする。　　二人で同じほうを向　　②と同じ。
ぎ、横に揺らす。　　　　　　　　　　　　　　き、次に逆を向く。

⑤ ぐるりとまわって　　⑥ ピョンピョン　　　⑦ うえむいて　　　　⑧ ピョンピョン
　　　　　　　　　　　　　 ピョン　　　　　　　 したむいて　　　　　　 ピョン × 2

手をつないだま　　　②と同じ。　　　　　二人で上を向き、　　6回ジャンプ
ま一回りする。　　　　　　　　　　　　　下を向く。　　　　　 する。

Point

　同じことの繰りかえしは飽きてしまうので、テンポを変えたり、人数を増やすな
ど、変化をつけて遊びましょう。

「ごろごろえんどうまめ」 作詞・作曲／不詳

5歳児

⏱目安**25**分

歌遊び

大工のキツツキさん

ねらい
- リズムにのって、動きをつけながら歌うことを楽しむ
- みんなで協力しながら「森のおはなし」を作り、動作を増やして遊ぶ

✳ 活動の展開例

導入【3分】

①保育者は親指と中指で「パチン」と鳴らし、おもしろい動作が入っている歌があることを伝える。

②振りを入れながら「大工のキツツキさん」を歌い、まねしてみようと誘う。

> 子どもたちがまねしやすいように、ゆっくりと動作を大きく。

【遊び方】

① ♪ みどりの もりかげに

手を5回たたく（●印）。

② ひびくうたは

右・左の順番で、耳に手をあてる。

③ だいくの キツツキさん

両手をグーにして、交互に5回重ねる（●印）。

④ せいだすうた

両手でガッツポーズ。

⑤ ホール ディー ヤー

両手で両ひざを細かくたたく。

⑥ ホール　ディヒ　ヒヤ

両ひざを1回たたく。　手を1回たたく。　指を1回鳴らす。

⑦ ホール ディ クク
　ホール ディ ヒヒヤ ）×2
　ホール ディ クク
　ホール ディ ヒヒヤ

⑥を6回繰りかえす。

⑧ ホ〜

⑤と同じ。

展開【20分】

③歌い終わったら、下記の「森のおはなし」①→②→③に進む。子どもたちは慣れてきたら一緒に歌い、保育者の動きとかけ声をまねする。

④次に、「みんなで森のおはなしの続きを考えてみよう」と伝える。「大きなクマは何してたのかな？」などと問い、子どもたちの意見を取り入れながら一緒におはなしと動きを作り、おはなし→歌（ホルディヤ……）→おはなし→歌（ホルディヤ……）とつなげていく。

・森のおはなし・

①大工のキツツキさんは、誰かが「サッ！」っと通り過ぎるのを見ました。→
♪**ホルディヤ　ホルディヒヒヤ　ホルディクク**「サッ！」……

②誰かと思ったら大きなクマだったので"ハッ！"としました。→
♪**ホルディヤ　ホルディヒヒヤ　ホルディクク**「サッ！」「ハッ！」……

③大きなクマが「ドシン　ドシン」と近づいてきました。→
♪**ホルディヤ　ホルディヒヒヤ　ホルディクク**「サッ！」「ハッ！」「ドシンドシン」……

サッ！
両手を左から右にサッと動かす。

ハッ！
両手をあげて驚く。

ドシンドシン
力強く２回足踏みする。

まとめ【2分】

⑤「ドシンドシンがおもしろかったね」など活動を振りかえり、次にこの遊びをするときにやりたい動作をあげてもらい、期待をもたせる。

「大工のキツツキさん」 訳詞／宮林茂晴　オーストリア民謡

絵本

絵本は子どもにとってひとつの体験です。絵本を見聞きしながら感情を動かし、自分に置き換えて感じたり、想像を広げて遊びます。言葉の美しさや音のおもしろさも感じます。たくさんの絵本にふれる環境をつくり、豊かな感性や想像力を育てましょう。

目的

★想像力を豊かに育む

　子どもたちは絵本を読みはじめると、絵本の登場人物になったような気持ちで絵本の世界へ行き、遊んで帰ってきます。想像力を豊かに働かせているのです。

★知識を得て広い視野をもつ

　絵本を通して、子どもたちは身のまわりの世界を認識したり、日常とは異なる世界を体験します。新しい発見や驚きは子どもたちの好奇心を満たし、世界を広げます。

★絵本からのイメージを表現遊びにつなげて楽しむ

　絵本を見聞きする同じ体験から共通のイメージをもつことができます。視覚や言葉からの刺激によってイメージをふくらませ遊ぶことを子どもたちは喜びます。おはなしの世界を再現したり、製作活動につなげて遊びましょう。

絵本とは

絵本を読んでもらうことは、子どもたちにとって大きな喜びであり愛情を感じる時間です。読んでいると、「あっ」「だめー」「よかった」と声が上がったり、ドキドキ、ハラハラして顔を隠しながら見たり、読み終わったあとは何も問いかけずとも感想が出てくるなど、大好きな絵本に出合ったとき、子どもの反応は生き生きしています。

種類

赤ちゃん絵本

０・１・２歳児向け。繰りかえしや言葉の響きがおもしろい絵本が多い。

『めんめんばあ』
はせがわせつこ／文
やぎゅうげんいちろう／絵
福音館書店　2006 年

物語絵本

起承転結があり、ストーリー展開の楽しさがある。登場人物の気持ちに共感したり、さまざまな感情にふれることができる。

『はじめてのおつかい』
筒井頼子／作　林明子／絵
福音館書店　1977 年

昔話や民話の絵本

日本や世界の国々に伝わる昔話、民話、説話、神話などをもとにした絵本。

『おおきなかぶ』

A.トルストイ／再話
内田莉莎子／訳
佐藤忠良／画
福音館書店　1966 年

文字なし絵本

文字がないからこそ広がる絵のみの世界が子どもの想像力を引き出す。

『ぞうのボタン』

うえののりこ／作
冨山房　1975 年

言葉・詩の絵本

言葉のおもしろさや美しさを感じ、響きやリズムを楽しもう。

『るるるるる』

五味太郎／作
偕成社　1991 年

写真絵本

写真のみで物語が構成されている。

『まちには
いろんな
かおが いて』

佐々木マキ／文・写真
福音館書店　2013 年

しかけ絵本

開くと絵が飛び出したり、手で引っ張ると絵が動いたり、さまざまなしかけが工夫されている。

『パパ、
お月さまとって！』

エリック・カール／作
もりひさし／訳
偕成社　1986 年

知識や科学の絵本

ある物事についての知識や科学分野のテーマを扱った絵本。子どもの「なぜ？」「どうして？」という気持ちに応えてくれる。

『かこさとし ほしのほん I
はるのほし』

かこさとし／著　偕成社　1986 年

バリアフリー絵本

音が出たり、透明な盛り上がった特殊印刷で、さわると文字や絵がわかるなど、障がいのある子どもも楽しめる。

『てんじつき さわるえほん
しろくまちゃんのほっとけーき』

わかやまけん／作　もりひさし／作　わだよしおみ／作
こぐま社　2009 年

**子どもが何度も
手に取って
読んだり、見たり、
「また読んで！」と
持ってくる絵本が
良い絵本！**

年齢に合った絵本を選ぶ

　年齢によって感じとれる、読みとれる感情はちがいます。言葉の理解や集中力も異なります。子どもたちが理解できる、楽しさを共感できるような年齢に合った絵本を選ぶことが重要です。

事前に声を出して絵本を読む

- ●事前に3〜4回、一人で声を出して読みます。スムーズに読めるようになったら、家族や友人などに聞いてもらい、速さや抑揚、声の大きさなど読み方の癖をアドバイスしてもらいましょう。さらに、この下読みのときに「音の響きが楽しい」「この場面にハッと心が動かされる」など、その絵本のもつ特性をつかむことが大切です。
- ●子どもにわかりにくい言葉や言い回しがないか確認します。知らない言葉が出てきたら、おはなしを中断しない程度に意味を伝えたり、子どもたちの知っている言葉に置きかえて伝えましょう。

ゆっくりと、はっきりと読む

　早口にならないよう、絵本はゆっくりと読みましょう。また、一番後ろにいる子どもにも声が届くように、はっきりと読むことも大切です。小さな子どもには表情豊かに読むことがわかりやすさにつながります。年長児であれば、子どもの自由な想像を邪魔しないよう淡々と読んだほうがいい場合もあります。

絵本を通して感じあう

　絵本の文字を追うことに夢中になり、子どもたちの姿を見落としていませんか。子どもたちは気づいたことや発見したこと、感じたことをポロッと口にしたり、指をさしたりして保育者に投げかけます。子どもたちの反応を受け止め、共感をもって絵本の世界を一緒に楽しみましょう。

読み終わりの注意

　後ろの見返しや裏表紙を見せましょう。ここは子どもたちがおはなしの世界から戻ってくる出口です。感想をしつこく聞いたり、質問を浴びせず、絵本の余韻を味わいましょう。

★見返しに注目！

見返しとは、本の表紙と中身のあいだにある紙のことです。2ページ大の丈夫な紙で、半分は表紙の内側に貼りつけられています。裏表紙側の見返しは、本文が終わって本を閉じる前に見るページになります。絵本によっては、絵本の内容をイメージさせるものなど、おもしろい見返しもたくさんあります。探してみましょう！

絵本の持ち方や見やすさを考えよう

ゆっくりと、はっきりと 心をこめて読みましょう

絵本の高さ、傾きに 気をつけよう

子どもが首をあげて見ている ときは高いサインです。絵本 を上に傾けてしまうと、電気 や日光が反射して見にくくな ります。少しだけ下に傾ける と絵が見やすいです。

手で絵を 隠していませんか？

絵本の下側を握って持つと、 絵が隠れてしまう場合があり ます。脇を締めて腕にのせる ように持つと安定し、絵が隠 れる心配がありません。また、 文字を見ようと前かがみにな ると、保育者の体で見えない 子どもが出てしまうので気を つけましょう。

左右の端は 見えにくい

読む前に見やすい位 置へ移動するよう声 をかけましょう。

子どもと絵本の距離が 近すぎても見づらい

座っている状態の子どもたちが 移動するのは大変です。保育者 が読みはじめる前にいすごと下 がるなど、子どもと絵本の距離 を調節しましょう。

ちょっとした時間に

次の活動までに少し時間があいた。でも何をしたら……。そんな時に備えて、長さのちがうい ろいろなジャンルの絵本を３〜４冊ほど用意しておくと、ちょっとした時間に困りません。短 めのおはなしもいくつか用意しておくと、さまざまな時間に対応できて安心。

発達と遊びの目安

時期		言葉	ページ数・絵本の楽しみ方
3歳児	前半	◆ 語彙数は1000語を超える ◆ 日常での言葉のやり取りができる ◆ 知的興味が高まり、「なぜ？」「どうして？」といった質問が盛んになる ◆ 「そして」「だから」などの接続語を使い、ひとまとまりの話ができる	◆ 1ページ3〜5行、30ページくらいまでお話を楽しむことができる ◆ 繰りかえしのあるおはなしを楽しむ ◆ 自分のなかのイメージの世界を広げたり、身近な生活にリンクしたおはなしを楽しむ
	後半		
4歳児	前半	◆ 語彙数は1500語を超える ◆ 自分の経験したことや思っていることを言葉で伝えることを楽しむ ◆ さまざまな言葉に興味をもち、保育者や友達の話を聞いたり話したりする ◆ しりとりができる	◆ 40ページくらいまでのおはなしを楽しむことができる ◆ まわりの友達とイメージを共有しながら楽しむ ◆ 言葉のおもしろさを楽しむ
	後半		
5歳児	前半	◆ 語彙数は2000語を超える ◆ 道順や自分の経験について、文脈を作って相手にわかるように説明するようになる ◆ 仲間との話し合いを繰りかえしながら、自分の思いや考えを伝える力や相手の話を聴く力を身につけていく	◆ 40ページ以上のおはなしを楽しむことができる ◆ 日をまたいで長いお話を楽しむことができる ◆ 物語の世界をじっくりと楽しむ
	後半	◆ 文字を書いたり読んだりするようになる	◆ 複雑なストーリーを楽しんだり、読んだ絵本からオリジナルストーリーを友達と作って楽しむ

おすすめの絵本

『わにわにのおふろ』小風さち／作　山口マオ／絵　福音館書店
『コップをわったねずみくん』
　　なかえよしを／作　上野紀子／絵　ポプラ社
『るるるるる』五味太郎／作　偕成社（p.65 参照）
『ころちゃんはだんごむし』高家博成・仲川道子／さく　童心社
『キャベツくん』長新太／文・絵　文研出版
『でんしゃにのって』とよたかずひこ／作・絵　アリス館（p.70 参照）
『ぞうくんのさんぽ』
　　なかのひろたか／作・絵
　　なかのまさたか／レタリング　福音館書店
『ふしぎなナイフ』（p.76 参照）
　　中村牧江・林建造／作　福田隆義／絵　福音館書店
『むしむしでんしゃ』
　　内田麟太郎／文　西村繁男／絵　童心社

『はじめてのおつかい』筒井頼子／作　林明子／絵　福音館書店（p.64 参照）
『てぶくろ』エウゲーニー・M・ラチョフ／絵　内田莉莎子／訳　福音館書店（p.78 参照）
『どうぞのいす』香山美子／作　柿本幸造／絵　ひさかたチャイルド（p.81 参照）
『はなをくんくん』
　　ルース・クラウス／文　マーク・シーモント／絵　木島始／訳　福音館書店
『でんしゃでいこうでんしゃでかえろう』
　　間瀬なおかた／作・絵　ひさかたチャイルド
『コッケモーモー！』（p.72 参照）
　　ジュリエット・ダラス＝コンテ／文　アリソン・バートレット／絵
　　たなかあきこ／訳　徳間書店
『からすのぱんやさん』かこさとし／作・絵　偕成社
『マルチンとナイフ』エドアルド・ペチシカ／文（p.80 参照）
　　ヘレナ・ズマトリーコバー／絵　うちだりさこ／訳　福音館書店
『パパ、お月さまとって！』エリック・カール／作　もりひさし／訳　偕成社（p.65 参照）

『ねぇどれがいい？』（p.74 参照）
　　ジョン・バーニンガム／作　まつかわまゆみ／訳　評論社
『ママ、ママ、おなかがいたいよ』（p.84 参照）
　　レミー・シャーリップ、バートン サプリー／作・絵　つぼいいくみ／訳　福音館書店
『ともだちや』
　　内田麟太郎／作　降矢なな／絵　偕成社
『100 かいだてのいえ』（p.82 参照）
　　いわいとしお／作　偕成社
『もりのかくれんぼう』
　　末吉暁子／作　林明子／絵　偕成社
『おたまじゃくしの 101 ちゃん』
　　かこさとし／作・絵　偕成社
『くまのコールテンくん』
　　ドン・フリーマン／作　まつおかきょうこ／訳　偕成社

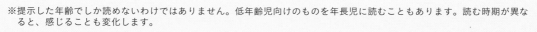

※提示した年齢でしか読めないわけではありません。低年齢児向けのものを年長児に読むこともあります。読む時期が異なると、感じることも変化します。

┃ **読み聞かせ** ┃

でんしゃにのって

ねらい ● 電車に乗ってくる動物と主人公のやり取りを楽しむ
● 繰りかえしのおはなしを楽しむ

▸ **準備しておくもの**

◆ 絵本
『でんしゃにのって』
とよたかずひこ／作・絵
アリス館　1997 年
◆ 保育者用のいす

✳ 活動の展開例 --

導入【2分】

①子どもたちを集めて座らせる。保育者はいす
に座り、「ガタゴトー　ガタゴトー　うららち
ゃんがでんしゃに乗ってお出かけ、どこにい
くのかな?」と少し揺らしながら絵本を出す。
表紙を見せて興味をもてるようにする。

②絵本の位置がどこかわかると、見えにくい子
どもは自分で移動しようとする。絵本を出し
てから移動するよう声をかけるとよい。

近すぎたら後ろにいすを下げる

床に座る（いすを
ガタガタさせた
り、ひっくりかえ
す心配がなければ
いすでも OK）

┌─────────────────────────────────────┐
前の子が近すぎて見えにくいときは、保育者がいすごと下がりましょう。
└─────────────────────────────────────┘

展開【6分】

③絵本『でんしゃにのって』を読む。子どもの目線に合わせて、絵本の高さや傾きに気を
つける。絵や文字が隠れていないか、手の位置や体の位置に気をつける。

④駅の名前が次に乗ってくる動物だと気づいたり、満員になっていく車内の様子を楽しむ
子どもの姿を受け止めながら、ゆっくりと読み進める。

┌─────────────────────────────────────┐
車内アナウンス風に「つぎは　くまだ♪　くまだ♪」と語尾を上げて読むと、
子どもたちもまねして楽しみます。
└─────────────────────────────────────┘

⑤見返し（p.66 参照）や裏表紙を見せる。言葉はなくても、おはなしの続きを楽しむ。

まとめ【2分】

⑥読み終わったら余韻をもち、子どもたちからの言葉や反応を受け止めていく。

> 「今から読むおはなしには動物が出てくるよ。何が出てきたかあとで聞くね」と投げかけ、読み終わりに
> 「何が出てきた？」など内容と関係のない質問をすると、子どもの感じた思いを消してしまいます。

Point

　繰りかえしのあるおはなしを子どもたちは好みます。言葉の少ないページはゆっくりと絵を見せ、後ろまで声が届くようにはっきりと丁寧に読みましょう。

─ {こんなときどうする？} **あるあるトラブル** ─

【Case1】友達とくっつきすぎて…

読み聞かせがはじめられず、興味をもって集まったはずが飽きてしまった……

●**環境設定を見直す**

人との距離感がうまくとれない低年齢の場合、子どもたちにいすを用意しよう。いすは保育者を囲むように半円に並べ、端の子が見えるか確認。人数が多いときは2列にして、間を少し空ける。2列目の子は1列目の子の肩と肩のあいだに顔が出るように並ぶと、絵本が見やすくなる。

【Case2】あらすじを知っていて…

絵本を知らない子が「言わないで」と嫌がっている……

●**知っている子どもの 気持ちを受け止めよう**

子どもにとって知っている、わかるということはうれしいこと。「知っているのね。うれしいね」と気持ちを受け止めてから、「先生、みんなと楽しく絵本を読みたいから、その気持ちしまっておいてね」や「絵本を読んだことないお友達が悲しくなるから、どんなおはなしかナイショね」などと声をかけよう。

絵
本

【3歳児】　でんしゃにのって

| 読み聞かせ |

コッケモーモー！

ねらい　● いろいろな鳴き声に変わっていく様子を楽しみ、
　　　　　おんどりの気持ちを感じる
　　　　● 起承転結、ストーリー性のあるおはなしを楽しむ

準備しておくもの

◆ 絵本『コッケモーモー！』
　ジュリエット・ダラス＝コンテ／文
　アリソン・バートレット／絵　　たなかあきこ／訳
　徳間書店　2001 年
◆ 保育者用のいす

✳ 活動の展開例

導入【2分】

①子どもたちを集めて座らせる。保育者はいすに座り、にわとりの鳴き声を知っているか
　問いかける。「コッケコッコーだね」と子どもの返答を受け止める。表紙を見せながら、
　「コッケモーモー」と題名を言うと、子どもたちは「モーモー？」と興味を示す。

②絵本が見えづらい子どもには、見える位置に移動するよううながす（p.67 参照）。

展開【5分】

③絵本『コッケモーモー！』を読む。

④おんどりは鳴き方を忘れ、牛に出会うと「コッケモーモー」、アヒルに出会うと「コッ
　ケガーガー」と鳴く。おんどりの鳴き声は大きな声で読む。

> 文字の形が感情や声のボリュームを表してい
> ることがあります。作者の意図をくみとって
> 表現しましょう。

⑤事件が起こるところなどドキドキする
　場面では、一瞬ためてからページをめ
　くろう。

⑥裏表紙には、鳴き方を思い出して、う

れしくなったおんどりが朝日に向かって泣いている様子が描かれている。裏表紙を見せ、おはなしの続きを想像して楽しむ。

まとめ【3分】

⑦読み終わったら余韻をもち、子どもたちからの気づきや発言を受け止める。

Point

ストーリー性のあるおはなしやさまざまな感情が出てくるおはなしは、おおげさに読む必要はありませんが、棒読みにならないように読み方を工夫しましょう。

·｛こんなときどうする？｝·あるあるトラブル·

【Case3】隠れているものを探すおはなしを読んでいると…

ここにいるよー

これだよ！

一人立つとまた一人、あっという間に絵本に群がってしまいました……

●読む前に約束をしておこう

「隠れているものを見つけたら、座って指をさして教えてね」「前に出てくると、ほかのお友達が見えなくて探せないね」と読む前に約束をすることで回避できる。また、座って教えてくれる子どもの姿を認めるのもよい。

【Case4】疑問に思った子どもたちが…

なんで〜？

どうして〜？

質問に答えるとまた別の質問が出てきて、おはなしがストップしてしまいます……

●絵本を読み終わってから答える

「ちょうちょがとんでるよ」など絵本を見ての気づきには、「そうだね。飛んでいるね」と子どもの気持ちを受け止め、おはなしを先に進めることができる。すぐに答えられないような疑問に対しては「なぜだろうね」とさらっと受け止め、読み終わってから答えるようにしよう。

絵
本

【4歳児】コッケモーモー！

| 読み聞かせ |

ねえ、どれがいい？

ねらい　どちらがよいか考え選びながら、おはなしを楽しむ

準備しておくもの

◆ 絵本『ねえ、どれがいい？』
　ジョン・バーニンガム／作　まつかわまゆみ／訳
　評論社　2010年
◆ 保育者用のいす

✳ 活動の展開例

導入【2分】

①子どもたちを集めて座らせる。保育者はいすに座り、これから読む本は聞くだけではなくて、「どれがいいか」みんなが考えて答える本、ということを知らせる。

②前に出てきて指をささないように、座ったままで「どれがいいか」答えるよううながす。

展開【5分】

③絵本『ねえ、どれがいい？』を読む。子どもの目線に合わせて絵本の高さや傾きに気をつける。また、絵や文字が隠れていないか手や体の位置に注意する。

④「もしもだよ、きみんちのまわりがかわるとしたら、大水と大雪とジャングルと、ねえ、どれがいい？」など、質問といくつかの答えが用意されているので、自分の好きな答えを選ぶよう、うながす。

⑤絵本の質問を読んだあとに、「大水がいいと思う人〜」「大雪がいいと思う人〜」とひとつずつ聞いていく。

> 「どれがいい？」と問いかけると、それぞれに「これがいい」と答えて、「先生、聞いて！」合戦がはじまります。ひとつずつ「○○がいい人」と聞くことで、みんなが聞いてもらえたと安心できます。

⑥子どもたちと「これがいい」「これは嫌だな」とワクワクしながら絵本を読み進める。子どもたちが理由を発言したら、その発言を受け止めつつ、いろいろな思いや考えがあること、ちがった意見でもよいことを伝える。

> 「大水は泳げて楽しそう」という子がいれば、「おうちがびちょびちょでやだよ」という子もいます。どちらも「なるほど！」と共感的な気持ちで受け止めると、多くの発言が出てきます。

だって大水はおよげて楽しそうだから！

おうちがぬれちゃうからヤダ！

まとめ【3分】

⑦裏表紙を見せ、余韻をもって読み終える。子どもたちからの気づきや発言を受け止める。

Point

　参加型の絵本は、子どもたちが主体的に絵本に関われるので、とても喜びます。保育者も**絵本で遊ぶ**という気持ちで、子どもたちの反応を見ながら読み進めましょう。

┤こんなときどうする？├ あるあるトラブル

【Case5】しかけ絵本をうまく見せられない…

●**本を置く台を用意しよう**

本を持ちながら、片手でしかけをめくったり引っ張ったりすることは難しい。子どもたちから見やすい高さの台を用意すると、本が安定する。大型絵本も重くて持てないので、書見台やイーゼルなどを用意しよう。

絵本

【5歳児】ねえ、どれがいい？

3 歳児

🕐 目安 **18** 分

絵本からの表現遊び

ふしぎなナイフ

ねらい　ナイフが変化していく様子を楽しみ、ナイフに変身して体を
使って表現しようとする

準備しておくもの

◆ 絵本『ふしぎなナイフ』
中村牧江・林健造／作　福田隆義／絵
福音館書店　1997 年
◆ 絵本を開いて置いておく台やいす

※ 活動の展開例

導入【5分】

①ナイフを知っているか、子どもに問いかけながら表紙を見せる。ナイフは肉を切ること
ができるくらい鋭くて硬いなど、ナイフがどのようなものか知らせる。

②絵本『ふしぎなナイフ』を読む。ナイフが曲がったり割れたりと変化することを楽しみ
ながら、次への期待感がもてるよう、間をとったり、ためて読む。

> のびて（p.22・23）ちぢんで（p.24・25）のところは、「のびてちぢんで、のびてちぢんで」と、ページ
> を戻して繰りかえすと子どもたちが喜びます。

展開【10分】

③絵本を読み終わったら、「ふしぎなナイフ
になってみよう。ナイフに変身！！」と子
どもたちに伝える。保育者も手を真上に
ぴんと伸ばしてナイフになりきる。

④絵本を台やいすに開いて置き、絵本の場
面に合わせて、「ふしぎなナイフが　まが
る、ねじれる、おれる、われる、とける、
きれる、ほどける、ちぎれる、ちらばる、
のびて、ちぢんで、ふくらんで」と、ひ
とつずつ保育者が声をかける。子どもた
ちはナイフになりきり、体を曲げたりね
じったり、言葉を体で表現して遊ぶ。き

ナイフに
変身！

れる、ほどける、ちぎれる、ちらばる は二人以上で行うと表現しやすくなり、より楽しめる。

> 一人で表現することに慣れたらどんどん人数を増やし、全員で手をつないで、「のびてちぢんで」を繰りかえし遊ぶと盛り上がります。

まとめ【3分】

⑤「○くんは足のあいだから手を入れて、ねじれるをしていたね」など子どもたちが工夫していた姿を取り上げ、またやりたいという気持ちがもてるようにする。

Point

　最初に読み聞かせをすることで、子どもたちが共通のイメージをもち、3歳児でも表現遊びへと発展させることが可能です。絵本から感じることがそれぞれちがうように、表現の仕方にもその子らしさが表れます。子どもたちのさまざまな表現を「おもしろい！」「なるほど！」と**共感的に保育者が受け止める**ことが大切です。

絵本　【3歳児】　ふしぎなナイフ

● 表現遊びへと発展すると楽しい絵本 ●

『もこ もこもこ』
谷川俊太郎／作　元永定正／絵　文研出版　1997年

「しーん、もこもこ、にょきにょき」とふくれあがったものが、みるみる大きくなってはじける。体を使って表現して遊ぼう。

『ガンピーさんのふなあそび〈新版〉』
ジョン・バーニンガム／作　光吉夏弥／訳　ほるぷ出版　2020年

船に乗りたい動物と子どもたち、「○○しなけりゃね」と約束をして乗りますが……。動物や子どもたちになりきって、やってはいけないと約束した○○を体で表現して遊ぼう。

『とりかえっこ』
さとうわきこ／作　二俣英五郎／絵　ポプラ社　1978年

ひよこが動物たちと鳴き声をとりかえっこしていく。鳴き声をまねして遊ぼう。

4
歳児

🕐 目安 **35**分

| 絵本からのごっこ遊び |

てぶくろ

ねらい　絵本から共通のイメージをもち、動物になりきって遊び、楽しむ

準備しておくもの

◆ 絵本『てぶくろ』
　エウゲーニー・M・ラチョフ／絵　内田莉莎子／訳　福音館書店　1965 年
◆ 保育者用のいす
◆ 2〜3畳くらいの大きさのシフォン布やパラバルーン

✳ 活動の展開例 -

導入【10分】

①絵本『てぶくろ』を読む。おじいさんが落としたてぶくろにどんな動物が入るのか、次
　の動物は窮屈だけど入れるのか、次の場面を予想しながら楽しむ。

②読み終わりの余韻を楽しみ、「てぶくろの中に入ってみたいね。お話に出てきた動物に
　なって遊ぼう」と誘う。

展開【20分】

③絵本に出てきた動物から表現のちがいのある動物を保育者が **3つ選び**、たとば「ぴょん
　ぴょんがえる」「はやあしうさぎ」「のっそりぐま」からなりたい動物を選ぶよう伝える。
　子どもたちは **動物ごとに決められた場所** に分かれる。

> 「かえる」は本棚のところ、「うさぎ」はピアノの前など、室内のわかりやすい場所で離れて待つようにし
> ます。ビニールテープで床に円や四角を引いて場所を分けてもよいでしょう。

④保育者がシフォン布やパラバルーンをてぶくろに見立て、「おじいさんがてぶくろを落
　していきました」と部屋の中央に広げて置く。

⑤保育者がくいしんぼうねずみになり、ねずみのまねをしながら、てぶくろのまわりを一
　周する。そして、てぶくろを見つけて「ここにすむことにしよう」と中に入り、顔だけ
　出す。

> はじめは保育者が一緒に表現すると、子どもは安心して取り組めます。
> 保育者はすべての役をするつもりで取り組みましょう。

78

⑥ぴょんぴょんがえるの子が、ぴょんぴょんとカエル跳びをしながら、てぶくろを一周回る。

> 待っている子には、「ぴょんぴょん跳ぶのが上手なのは誰かな？　見てて教えてね」と
> 言葉をかけたり、セリフを一緒に言ってもらうとよいでしょう。

⑦**かえる**「てぶくろにすんでいるのはだれ」**ねずみ**「くいしんぼうねずみ。あなたは？」**かえる**「ぴょんぴょんがえる。わたしもいれて」**ねずみ**「いいよ」と言葉のやり取りをし、かえるの子がてぶくろの中に入る。

> セリフの前にポンポンと2音、楽器を鳴らすとセリフを言うきっかけが作れます。
> （楽器例：ウッドブロック、すず、タンブリンなど）

⑧**はやあしうさぎ**の子が早足で、てぶくろを一周する。⑦と同様のやり取りをして、うさぎの子がてぶくろに入る。

ぴょんぴょんがえる。あなたは？

てぶくろに住んでいるのはだあれ

⑨**のっそりぐま**の子がゆっくり歩いて、てぶくろを一周する。⑦と同様のやり取りをして、くまの子がてぶくろに入る。

⑩保育者が「てぶくろがぎゅうぎゅうだね」と、てぶくろの中で友達とくっついて楽しい気持ちに共感する。

⑪保育者が「おじいさんがてぶくろが片方ないことに気がつきました。子犬がてぶくろを見つけてわんわんとほえました」と言い、子犬につかまらないように、もといた動物ごとの場所に戻るよううながす。

まとめ【5分】

⑫保育者が「おじいさんがやってきて、てぶくろを拾いましたとさ」と言い、シフォン布やパラバルーンをまとめ、片づける。

> 大きめの段ボール箱を用意し、それに入れるようにすると片づけが簡単‼

⑬「○くんのかえるジャンプがとっても高かったね」「○ちゃんのくまの手が強そうだったね」など良かったところを伝え、次回への気持ちにつなげる。

> おはなしに出てくるほかの動物を取り入れたり、動物の耳やしっぽなどを作って
> 付けたりすると、遊びが広がります。

Point

おはなしが繰りかえしになっている絵本は、ごっこ遊びへの展開がしやすいです。言葉のやり取りは短くわかりやすく、リズミカルに。おはなしの展開にとらわれず、表現する楽しさを大切にしましょう。

┊ 絵本からの戸外遊び ┊

マルチンとナイフ

ねらい　探しものをしながら、草花や木の特徴に興味をもつ

準備しておくもの

◆ 絵本『マルチンとナイフ』
　エドアルド・ペチシカ／文　ヘレナ・ズマトリーコバー／絵
　うちだりさこ／訳
　福音館書店　1981年
◆ 帽子（木の下に隠すもの）

✳ 活動の展開例 -

導入【5分】

①絵本『マルチンとナイフ』を読む。お父さんがかしのきに置き忘れたナイフをマルチンと一緒に探しながら楽しむ。また、いろいろな特徴のある木に出合い、木の名前を知る。

展開【20分】

②読み終わったら、「先生、園庭にある○○（木の名前）に帽子を忘れてきちゃった。みんなで探しに行こう」と誘う。

③保育者が「みんなで一緒に探したいから、先生より先に行かないでね」と約束をする。

④靴を履きかえ、二人組で手をつないで2列に並ぶ。

> 後ろの子まで話が聞こえるように、また、見えるように二人組×2列になるとよいでしょう。

⑤園庭にある木を5か所くらい見てまわり、帽子を探す。木の前では、葉っぱの形、幹、枝、花、においなど、ふれたり嗅いだりしながら、名前を知らせる。
（例：桜、椿、金木犀、イチョウ、カシ、松、さるすべり、プラタナス、果樹など）

> 園庭に木が少ないときは、草花なども見てまわると楽しいでしょう。

⑥それぞれの木の葉や花、実などを使ってできる遊びがあれば、紹介すると戸外遊びが楽しくなる。
　（例：花笛、ドングリごま、花びらケーキ、葉っぱのお面など）

⑦帽子を隠した木に着いたら、子どもたちと帽子を見つける。「見つかってよかったわ。一緒に探してくれてありがとう」と言って帽子をかぶる。

まとめ【5分】

⑧木によってそれぞれ葉の形や幹のさわり心地、花やにおいがちがうことが発見できたことを認め、季節によって葉の色や様子が変わることを伝える。

Point

　園庭にどんな木があるか知っていますか？　まずは**保育者が興味をもつこと**が大切です。そして、自然物でどんな遊びができるのか考えてみましょう。子どもたちは興味をもって遊び親しむことで、木や草花を大切に思いやる気持ちが芽生えます。

● 絵本から遊びへとつなげてみよう ●

『どうぞのいす』
香山美子／作　柿本幸造／絵　ひさかたチャイルド　1981年
園庭の木の下にいすを置いて、木の実、葉っぱ、石、草花、どろだんごなどを食べ物に見立てていすにのせる。絵本からごっこ遊びへと展開できる。

『やさいのおなか』
きうちかつ／作・絵　福音館書店　1997年
野菜の断面を見て何の野菜か当ててみよう。レンコンやピーマン、野菜の断面で「スタンプ遊び」を楽しもう。

『わたしのワンピース』
にしまきかやこ／作　こぐま社　1969年
うさぎさんがワンピースを作り、それを着てお散歩すると、ワンピースの模様が次々変わっていく。ワンピースの形に切った画用紙に好きな模様を描いて遊ぼう。

ほかにも、さまざまな遊びへ展開できる絵本を探して、子どもたちと遊んでみよう。

絵本

【4歳児】マルチンとナイフ

┃絵本からの製作遊び┃
100 かいだてのいえ

ねらい　いろいろな動物の部屋を見てイメージをふくらませ、自分の
住みたい家を考えて描くことを楽しむ

準備しておくもの

◆ 絵本『100 かいだてのいえ』
いわいとしお／作　偕成社　2008 年
◆ 保育者用のいす
◆ 八つ切り画用紙　人数分
　＊同じ方向に半分に2回折り、折線が
　　3本入っている状態にして開いておく
◆ クレヨン
◆ セロハンテープ

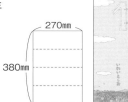

270mm

380mm

✳ 活動の展開例

導入【10分】

①表紙を見せ「100 階建ての家には誰が住んでいるのかな」など、絵本に興味をもてる
ような言葉をかける。

②絵本『100 かいだてのいえ』を読む。1 階ずつ指でなぞり、階段を上っていきながら
読む。どんな動物が住んでいて何をしてるのか、どんなお部屋か、子どもたちの気づき
を受け止めながら読み進める。

> 絵本を開いたら縦にし、下から上に読み進めま
> す。真ん中の部分を持つと安定して、ページが
> めくりやすいです。

③読み終わったら、「自分ならどんなおうち
がいいかな？　どんなお部屋があるとおも
しろいかな？」と問いかける。子どもの発
言を受け止め、「考えた部屋を絵に描いて
おうちを作ろう」と誘う。

展開【20分】

④保育者は折り目のついた画用紙を出し、折り目をクレヨンでなぞり、１枚の画用紙で４階建ての部屋ができることを見せる。どんな部屋がいいか子どもたちに聞き、発言を取り入れながら絵を描く。

⑤階段やロープなどを使うと上に行けることや、画用紙を貼り合わせると５階以上に高くできることを伝える。

⑥クレヨンで思い思いに部屋の絵を描いて楽しむ。画用紙をつなげてどんどん長くしていく。

> 絵をつなげやすいように、床など広いスペースで描くとよいでしょう。

⑦子どもたちの様子を見てまわりながら、「○くんの部屋はプールがあるんだね」「○ちゃんの部屋はちょうちょが住んでいて、飛んで２階に行くのね。すてきね」と、まわりにも聞こえるように声をかける。

> 友達のアイディアを聞いて、想像をふくらませられるようにします。

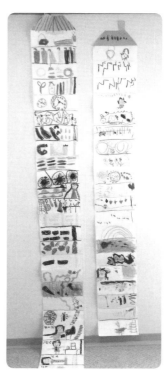

まとめ【5分】

⑧できあがった絵を指でなぞって上ったり下りたりして遊ぶ。友達とどんな家ができたか見せ合う。

Point

● 自由遊びの時間に、続きができるような環境を用意しましょう。

● 読み終わったあと、絵本を子どもたちが手に取れるところに置きましょう。じっくり見たり、指でなぞって遊びます。どんな本でも一斉活動で読んだあと、手に取って読めるようにしましょう。

絵本

【5歳児】 １００かいだてのいえ

5 歳児

🕐 目安 **30** 分

▎絵本からの影絵遊び▎

ママ、ママ、おなかがいたいよ

ねらい
● 身近にある物の影をいろいろな方向から見て、影絵遊びを楽しむ
● おなかから出てくるシルエットが何か考えながら楽しむ

▎準備しておくもの▎

◆ 絵本『ママ、ママ、おなかがいたいよ』レミー・シャーリップ、バートン サプリー／作・絵
つぼいいくみ／訳　福音館書店　1981 年
◆ 保育者用のいす　　◆ クッション
◆ ダンボール装置　＊次ページの作り方参照。ほかの装置でも OK
◆ 映し出す物　例：はさみ、セロハンテープ台、フォークなど
　＊見えないよう箱に入れ、布をかけておく

❋ 活動の展開例

導入【10 分】

①絵本『ママ、ママ、おなかがいたいよ』の表紙を見せ、「馬車が急いでいるよ、どうしたのかな」と問いかけ、子どもの気づきを受け止める。

②絵本を読む。影絵からぼうやのおなかから出てきたものが何かを、クイズにしてみんなで楽しむ。

展開【15 分】

③保育者はおなかにクッションを入れ、「おなかが痛いよ。何を食べたか、影を見て当ててね。影が見えるように暗くするよ」と懐中電灯をつけてから、電気を消す。

> 暗くなると不安になる子もいるので、楽しいことがはじまることを伝えましょう。

④保育者は「おなかの中からこんなものが出てきたよ」と閉じたはさみの刃先だけを映し、何の影かを子どもたちに当ててもらう。次に、持ち手、開いた刃先など、はさみの一部分を順番に投影する。

> 徐々に答えがわかるように、わかりにくい部分から映し出します。

はさみだ！

84

⑤正解が出たら、ダンボール装置からはさみを出し、子どもたちの目の前で見せる。

⑥同様に、セロハンテープ台やフォークなどもわかりにくい部分から映し出して、子どもたちに当ててもらう。

まとめ【5分】

⑦保育者はおなかのクッションをとり、電気をつけて、「痛いのが治ってよかった。同じものでも向きが変わると映る形がちがっておもしろいね」と伝える。

Point

　影絵は子どもたちの想像力を高めます。子どもたちに保育室や園内にあるもので映してみたいものを聞いたり、もってきてもらい、どんな影が出るのか投影してみると楽しい活動になります。また、子どもたち自身が影になっても遊べます。

影絵遊び装置

ダンボール装置
①段ボールの一面をくり抜いて白い紙を貼る。
②①の向かいの面に懐中電灯を差し込む穴を空け、懐中電灯を差し込む。
③脇の1面は、物を出し入れできるよう切込みを入れておく。
④投影したい物をダンボールの中に入れて懐中電灯をつけると、白い紙に影が映る。

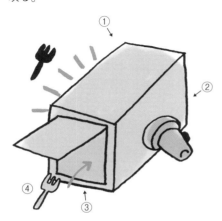

OHP (Overhead projector)
光源を内蔵した箱の上部に物を置くと、その影がスクリーンに映る。

プロジェクター、スポットライト
プロジェクターやスポットライトの光を、白い布や壁、スクリーンに投影する。光源の前に映したい物を置くと、影として映し出される。

製作

いろいろな道具と技法を用いて、描いたり作り出して遊ぶなかで自分の思いや喜びを表出し、感性を豊かにしていく活動です。子どもがやってみたい、またしたい、作り出すことが楽しいとワクワクするように展開しましょう。

目的

★豊かな感性と想像力を育てる

自分の手と感覚を使って、イメージを広げる体験を繰りかえすことが大切です。そのためには、子どもたちの興味、発達に沿った活動を選びましょう。

★達成感を味わう

目に見える形が残るのが製作活動です。試行錯誤しながらも、できあがったものを共感し合い、次への意欲につなげましょう。

★自分らしく表現できる力を育てる

いろいろな素材にふれあうことで違いに気づき、発見して、自分なりに表現をしていきます。より楽しく変化のある体験を味わえるような材料、道具を用意しましょう。

製作とは

種類

手先を使って作り出すもの
折る、ちぎる、丸める、伸ばす　など

道具や技法を使って作り出すもの
切る、貼りつける、描く　など

3つの出合い

たくさん出合っていると、何かを表現したいとき自分で方法を選んで作り出せる

【素材】紙、箱、粘土、木、絵具など

【道具】はさみ、テープ、のり、かなづちなど

【技法】折る、ちぎる、切る、貼りつけるなど

箱をつなげる？　キリン作りたいな　粘土？　新聞紙？

💡 **保育者の役目は、子どもの表現したい思いを形にできるよう働きかけること‼**

大切にしたいこと

「やってみたい！」という気持ちにする導入

　保育者が楽しく見せることが大切です。楽しそうだと自然とやってみたくなりますし、イメージできることが意欲につながります。

製作

援助のポイント

作り方の説明は簡単にわかりやすく

　工程は年齢に合わせて一度に説明する工程数を決めましょう。はじめての工程は丁寧にひとつずつ。経験のある工程なら、2つから3つの工程を理解できます。
　また、言葉だけの説明ではイメージできないことが多いため、視覚からの情報は必要！見本は、実物が小さいものであれば拡大したものを用意しましょう。

否定をしない言葉がけ

　大人でも否定されると、やる気や自信をなくしてしまいます。それは子どもでも同様ですので、言い方に気をつけましょう。

例1	のりを端まで伸ばして魚を貼りつけてほしいとき
✕「端までのりを塗らないとだめ」	◯「魚が逃げないように端まで塗ろうね」

例2	何を描いているのかわからないとき
✕「何を描いているの？」	◯「大きく描けたね」「赤い色がたくさんだね」

わかってもらえなかった……

これはね、さくらんぼなの！

作品を見て振りかえろう

　作品を見て気づいたことが次の活動をよりよいものにします。ねらいに対しどうだったか、達成できている子が多ければ年齢に合った活動だったといえるでしょう。そうでなかった場合は指導に問題があったのか、年齢に合わない活動だったのか考えてみましょう。
　そして、作品を見て気づいたことを個人記録に残しましょう。次に同じ道具を使った活動をするとき、事前に援助を考えられます。子どもの成長もわかりますね。

発達と遊びの目安 製作

時期		発達	はさみ	クレヨン・絵の具
3歳児	前半	◆ 上までボタンが留められる ◆ ドアのノブを回しながら押して外に出る ◆ ひも通しができる	**ひとつ切り（一回切り）** 一回で切り落とせる長さ（3cm程度）の紙などを、はさみの先が閉じるまで切る➡ p.92	**ぐるぐる画** ぐるぐると円を描く **縦線描き** 上から下に手を動かして線を描く **スタンプ、タンポ遊び**
	後半	◆ 手や足を左右別々に動かす ◆ ～しながら○○する活動に取り組めるようになる	**進め切り（連続切り）** はさみの先を開けたまま切り進める➡ p.100 **切り止め** 進め切りをし、目印で止めて切り落とさない	**丸** 閉じた丸を描く **色水あそび**
4歳児	前半	◆ 正しい持ち方ではしを使えるようになる ◆ 指先を思いどおりに動かせるようになる ◆ 認識力や色彩感覚が発達する	**線切り** 線の上を進め切りする	**塗りこみ** ○の中をはみ出さないよう意識して塗る **筆を使って描く**
	後半	◆ 物の特性や扱い方を体得する ◆ 同時にふたつの動作に取り組めるようになる	**円切り（曲線切り）** 紙を回しながら円状に切り進める	**色づくり** 赤、青、黄色の三原色の組み合わせで何色ができるかわかり、作りたい色を作り出す
5歳児	前半	◆ 細やかな両手指の協応動作ができる ◆ 雑巾を絞る、ひもを結ぶなどの動作ができるようになる ◆ 左右がわかる	**図形切り** 描かれた絵や形を余白を残して切り取る	**色分けして塗る** 作りたい色を作り、部分で色分けして塗る **版画**
	後半	◆ さまざまな材料や用具を用いて工夫して表現する		

のり・テープ	新聞紙・折り紙	描画	粘土
端までのりを伸ばして貼りつける	破る、ちぎる 三角折 ひとつの角を合わせ三角を折る	**意味づけ期、象徴期** 描いている形（線、点、丸）に名前を当てはめようとする **頭足人を描く** 頭から直接、足が生えたもの。腕はなかったり、頭から直接出ることもある	丸める たたいてつぶす
平面のものをつなぐ	四角折 ふたつの角を合わせ四角（長方形）に折る	**前図式期、カタログ期** 関連のないものをバラバラに描いている時期。知っているものを羅列して描く	伸ばす（ヘビ、ひも状、横）
立体のものをつなぐ	新聞紙を細長く丸めて剣を作る 線まで折る 半分に折り、広げてできた線まで折る	**レントゲン画** 視覚的に見えない腹の中とか、果物の中の種などまで見えるように描いている表現。人物も胴から左右に手足を十字型に描くようになる	伸ばす（縦）
	指を入れて開く 四角に折り、指を入れて開き、三角にする		芯棒を入れて立たせる
ガムテープをちぎって貼る ビニールテープを切って貼る	紙を立たせる 折り目を付けたり、円柱にして紙を立たせる	**図式期、覚えがきの時期** 基底線を描き、地面、低いところを表し、その上に一列にものを並べて描くようになる。上部に空、高いところを描き、そこに太陽を描く。縦横、斜めがわかり三角形が描けるようになる。興味や関心の強いところは大きく描く。空想的表現、おはなしの絵を喜んで描く	伸ばしてひも状にした粘土で描く

製作

発達と遊びの目安

| 道具との出合い | のり |

きんぎょが にげた

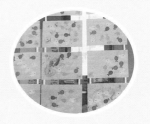

ねらい 金魚を探すことを楽しみ、端までのりを伸ばして金魚を貼ろうとする

のりを手で伸ばして端まで塗ることを「金魚がにげないように」と遊びの要素を取り入れると活動が楽しくなり、やってみようという気持ちになります。

準備しておくもの

◆ 絵本『きんぎょが にげた』 五味太郎／作 福音館書店 1982 年
◆ 八つ切り画用紙（水色） 人数分 ＊子どもの名前を書いておく
◆ 金魚の形に切った画用紙 人数×10 枚
　＊のりが塗りやすいよう丸みをおびた形で、無理なくのりを伸ばせる大きさにする
◆ でんぷんのり ＊指先でのりの感触を感じるため
◆ のり台紙 ＊画用紙より大きい広告紙など ◆ クレヨン
◆ 金魚を隠しておく箱やおもちゃ 例：ままごと道具、積み木

✳ 活動の展開例

導入【10 分】

①子どもたちと絵本のなかの金魚を探しながら『きんぎょが にげた』を読む。

②保育者用の水色の画用紙（水槽）を 1 枚見せ、金魚が逃げてしまったことを伝える。次に、保育室に隠しておいた金魚を子どもたちと探す。

③金魚を見つけたら、逃げないようにのりを端まで伸ばして塗るように伝える。

④のりを塗った金魚を水槽に見立てた水色の画用紙にいくつか貼っていく。「みんなの水槽も金魚さん、たくさんにしよう」と期待をもたせる。

展開【15 分】

⑤名前を確認しながら水色の画用紙を子どもに配り、「見つけた金魚を水槽に集めよう」と伝える。

⑥お菓子の箱やままごとの調理器具、積み木の建物などの中から、事前に隠しておいた金魚を探して遊ぶ。

⑦集めた金魚を水槽(子ども用の水色の画用紙)にのりで貼りつけていく。

> のりの台紙を用意して、のりがはみだしても大丈夫なようにしましょう。

⑧クレヨンでえさを金魚にあげたり、金魚のおうちを描いたりして遊ぶ。

> クレヨンで描き足した絵には子どもの思いが詰まっています。どんな思いで描いたのか聞いてみましょう。

まとめ【5分】

⑨「たくさん見つけたね」「逃げないように伸ばして、のりを塗れたね」など、子どもの姿を取り上げ認めていく。

Point

　　否定をしない言葉がけが重要です。のりを端まで伸ばして塗れていない子がいても、「端までのりを塗らないとダメ」と否定せず、「この金魚さん、逃げちゃいそうだから端まで塗って逃げないようにしよう」と言葉がけをしたり、「金魚さん、しっかりくっついていないと逃げちゃうから、逃げそうな金魚さんがいないか見てみよう」と自分で端まで塗れているか確認できるようにしましょう。否定されると、やる気と自信をなくしてしまいます。

✳ のりを貼って遊ぶ事例

3 歳児　**フルーツケーキ**
イチゴ、キウイ、ブドウ、バナナなど色とりどりのフルーツの形に切った画用紙にのりをつけ、スポンジケーキを描いた画用紙に貼り付ければおいしいフルーツケーキのできあがり。具材は丸みをおびた形にし、のりを端まで伸ばしやすくしましょう。

3 歳児　**お寿司屋さん**
トイレットペーパーの芯を3〜4等分に切ったものをシャリに見立てまぐろ、いか、サーモン、玉子などのネタを画用紙で作り、わさびに見立てたでんぷんのりでシャリに貼り付け、お寿司のできあがり。できあがったものをお皿にのせてお寿司屋さんごっこ。回転する台を用意すれば回転ずし屋さんになり、遊びが盛り上がります。

製作

【3歳児】 きんぎょが にげた

91

道具との出合い｜はさみ（ひとつ切り）

ドーナツ作り

ねらい はさみの使い方を知り、細長い画用紙を
ひとつ切りしてドーナツを作り楽しむ

準備しておくもの

◆ はさみ
◆ でんぷんのり
　＊指先でのりの感触を感じるため
◆ のりの台紙（広告紙など）
◆ 手ふき

◆ ドーナツの形に切った画用紙
　直径 25 〜 30cm ×人数分　＊子どもの名前を書いておく
◆ 色画用紙３色（ドーナツのトッピング用）
　長さ15 ㎝×幅３㎝×人数分
◆ 切った紙を入れる容器
　例：個人用品のねんどのふた、クレヨンのふた
　＊はさみとトッピング用の色画用紙を入れておく

✳ 活動の展開例

導入【10分】

①保育者がコックになりきり、ドーナツ作りの見本を見せる。はじめに容器をお皿、はさみを包丁に見立て、色画用紙を**ひとつ切り**にする。

> 「はさみ包丁は外に向けて切ると切りやすいよ」「親指くらいの大きさに切るとドーナツに貼りやすいよ」など、ポイントを伝えながら見せましょう。

②切り終わったら、「ドーナツにトッピングしよう」とひとつ切りにした色画用紙をドーナツの画用紙にのりで貼る。

> 「イチゴ味、桃味、ソーダ味……」と画用紙の色から味を連想しながら貼り、子どものイメージを喚起します。

展開【15分】

③「コックさんに変身してドーナツを作ろう」と言い、はさみと３色の色画用紙が入った容器を子どもたちに渡す。

> はさみの持ち方にも目を配りましょう。まちがっていたら「こう持つと切りやすいよ」と言葉をかけて直します。「○○ちゃん、お皿の上で切っているから、なくならないね」とポイントを押さえている子どもを認めましょう。まわりの子も気がついてまねしようとします。

④はさみで色画用紙を親指幅くらいにひとつ切りをし、トッピングを作るよううながす。

うまく切れない子には、はさみだけでチョキチョキ動かす指導をします。
スムーズに動かすことができるようになったら、紙を渡しましょう。

⑤ドーナツの画用紙、のり、のりの台紙を配り、ドーナツにトッピングを貼りつける。「のりはアリさんくらい」と目安となる分量を示す。

まとめ【5分】

⑥貼り終わったら手をふき、「ドーナツをオーブンで焼こう」と言って乾かす。

⑦乾いたらドーナツを使ってドーナツ屋さんごっこを楽しむ。

Point

● 製作活動では、早く終わる子と時間のかかる子の差が生じます。早く終わった子には「何味にするか考えておいてね」「ドーナツが焼けるまで待っててね」などの声をかけましょう。できた子から次の工程に移ってしまうと、子どもたちの進み具合がバラバラになり、援助しきれないことがあります。

● はさみが上手に扱えると、作りたいものを形にすることができるので、遊びの幅が広がります。遊びのなかで楽しくはさみを使う経験を繰りかえしましょう。

❋ ひとつ切りで遊ぶ事例

3 歳児　ピザ
色とりどりの長さ15cm×幅3cmの画用紙を野菜やチーズに見立ててひとつ切り。ピザ生地の形に切った画用紙に貼ってできあがり。

━━━ ● 活動に適した扱いやすい素材選び ● ━━━

たとえば、はさみやのりの活動では紙の厚さは重要です。折り紙のような柔らかい紙だと、道具に慣れない子どもにとってはペラペラして切りにくかったり、のりをつけているあいだに折れてくっついてしまうなど、うまく扱えません。反対に硬すぎても切りにくく、はがれやすい場合があります。このように紙選びひとつとっても、いろいろな角度から検討する必要があります。

★紙選びに必要な視点

❶大きさ…子どもが満足できる大きさ？
❷厚さ…絵の具で描く場合、水分量の多い活動では穴が開いたり、丸まってしまう可能性も。
❸硬さ…道具に不慣れな子どもでも扱いやすいか？
❹裏表のある・なし…裏表の必要な活動？　裏表を意識できる発達段階か？

製作

【3歳児】ドーナツ作り

4 歳児

🕐 目安 **30** 分

| 作って遊ぼう |

ロケット

ねらい　ロケットを作り、飛ばして遊ぶことを楽しむ

発射台にセットしたロケットがポーンと飛び出します。遠くに飛ばしたり、いろいろな飛ばし方を楽しみましょう。

準備しておくもの

ロケット
- ◆ トイレットペーパーの芯
　子どもの人数分＋見本用
- ◆ 色紙　丸（直径3cm）
　　　　三角（辺3cm）
- ◆ マーカー
- ◆ はさみ
- ◆ のり

発射台
- ◆ 新聞紙　4分の1の大きさ×3
　　　　　16分の1の大きさ×3
- ◆ セロハンテープ
- ◆ 輪ゴム
- ◆ ビニールテープ
- ◆ 的

【発射台の作り方】
＊クラス人数の3分の2程度の数を作っておく
① 新聞紙4分の1の大きさを3枚重ね、端からきつく丸めて棒状にする。セロテープで端と真ん中の3か所を止めて、発射台の棒を作る。
② 16分の1の大きさの新聞紙も同様に棒状にし、輪ゴムをくぐらせて輪っかを作り、輪ゴムがずれないようセロテープで止める。
③ ②の輪っかの端を①の先端にセロテープで貼りつける。

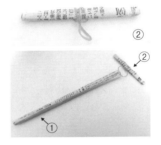

✳ 活動の展開例 ┈┈┈┈┈┈┈┈┈┈┈┈┈┈┈┈┈┈┈┈┈┈┈┈┈

導入【5分】

① トイレットペーパーの芯を出し、何を作るか期待をもたせながら、丸の色紙（窓）、三角の色紙（ロケットの先端部分、羽）をのりでつけてロケットを作る。

② 「高く遠くに飛ばす道具があるよ」と、作っておいた発射台にロケットをはめる。ロケットを引きつけて手を離して飛ばす。

③ どんなロケットがいいか子どもたちの発言を受け止めながら、ロケットに模様や、窓の中の人や動物などを描いて見せる。

94

展開【15分】

④トイレットペーパーの芯に、丸の色紙（窓）と三角の色紙（ロケットの先端部分、羽）をのりで貼る。

> のりをつけすぎると色紙がボコボコして上から描きづらいので、のりの量の目安を伝えましょう。たとえば、小豆やサクランボの種くらいなど。

⑤マーカーで模様や、窓の中の人や動物などを描く。

⑥できあがった子から発射台にロケットをはめて、飛ばして遊ぶ。

⑦床にビニールテープを1本引き、そこから決まった方向（的）に向けて飛ばすように伝える。友達に当たると危ないことを確認する。

> できあがりの時間に差が出るので、作る場と遊ぶ場の環境を整えます。完成した子が増えてきたら、机やいすを片づけて遊ぶ場を広くします。

まとめ【10分】

⑧ロケットを高く飛ばしたり、的を狙って飛ばしたり、どこまで飛ぶか競うなどして楽しむ。発射台を順番に使えるよう見守り、遊びが盛り上がるように関わる。

⑨どこまで遠く、高く飛ばせたか、的に当たったかなど子どもからの発言を受け止める。

Point

● 子どもたちがワクワクと心を弾ませて、作りたい、遊びたいという気持ちになるような導入を考えましょう。「今日はロケットを作ります」と作り方の説明から入るのではなく、実際に遊ぶ姿を見せて、子どもたちの気持ちをひきつけましょう。
● 作る工程は短く簡潔に伝えます。言葉だけではイメージが伝わりにくいので、見本を出すなど視覚的な情報も用意しましょう。

製
作

【4歳児】ロケット

┃ 作って遊ぼう ┃

とんとん相撲人形

ねらい　丸、三角、四角の紙を組み合わせて人形を作り、相撲勝負を友達と楽しむ

準備しておくもの

一人分
◆ 顔用：丸、三角、四角の画用紙　直径 4.5cm
◆ 鼻、耳用：丸、三角、長方形の画用紙
◆ 体用の画用紙　6cm × 11cm
　＊画用紙の両端を図のように切り抜く
◆ 空き箱　20cm × 30cm くらい
◆ のり　◆ クレヨンまたはマーカーペン
☆見本用に大きめの顔、鼻、耳のパーツを1セット作っておくとよい

切り取る
3cm
2cm
折る

✳ 活動の展開例 ----------------------------

導入【10分】

① ゾウ人形の見本を作る。顔パーツになる大きな丸を選び、鼻（長方形）と耳（丸）のパーツをのりで貼って、顔を作る。

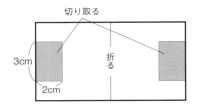

② ゾウの顔にマーカーペンで目や口を描き、体のパーツを付ける。できあがったら「ゾウさん、お友達がほしいみたい」と伝え、どの形を組み合わせると動物になるか子どもたちに問いかけながら、**いくつか見本の動物を作る。**

> いくつか見本を示すと、作りたい動物を思いついたり、やり方がわかり安心して自分で考えながら作ることができます。

③ ゾウ人形を使い、「たくさんお友達ができたから相撲しよう」と伝え、空き箱に2体の動物を乗せ、手で空き箱をたたいて、相撲をとる。子どもたちのなかから一人出てきてもらい、遊び方を知らせる。

> 作った動物で遊べることがわかると、作りたい意欲がわきます。早く遊びたくても、丁寧に作らないと弱いお相撲さんになってしまうことを伝えておくとよいでしょう。

展開【20分】

④顔、耳、鼻のパーツを配り、パーツを組み合わせて動物を作ることをうながす。組み合わせ方によっていろいろな動物ができることを楽しめるよう、のりはあとから配る。

⑤組み合わせのなかから、気に入った動物をのりづけする。

> のりをたくさんつけると重くなって倒れやすくなるので、サクランボくらいなど目安となる量を伝えましょう。

⑥マーカーペンで目や口、鼻（鼻パーツを使わない動物のとき）などを描き、体をのりで付ける。

⑦できあがった人形を使い、とんとん相撲を楽しむ。相撲をとる前に人形同士で自己紹介をしたり、挨拶をしたりするとよい。

まとめ【5分】

⑧できあがった人形を子どもたちで見せ合い、組み合わせ方によってさまざまな動物ができることを知らせる。

Point

　作りたい動物を決めてパーツの組み合わせを考える子もいれば、パーツを組み合わせてできた形から動物に見立てる子もいます。どちらも正解です。のりづけをする前に十分にパーツを組み合わせて遊べるようにしましょう。

✳ 年齢別の楽しみ方

3 歳児　動物の目や鼻をクレヨンやマーカーペンで描くのではなく、シールを使うと3歳児でも取り組めます。

5 歳児　体（画用紙）に見合った大きさを考えて画用紙に顔を描き、はさみで切り抜いて作ることもできます。

製作

【4歳児】　とんとん相撲人形

97

┃ 作って遊ぼう ┃

どんぐり迷路

ねらい
● 折り目をつけると紙が立つことを知る
● 紙で迷路を作り、どんぐりを転がして遊ぶことを楽しむ

準備しておくもの

◆ 画用紙（縦3cm×横15cm） 15本×人数分
◆ 箱（縦20cm×横30cm以上のいろいろな形のもの） 人数分より少し多めに
◆ どんぐり　　◆ カッター　　◆ セロハンテープ　　◆ はさみ　　◆ マーカー
◆ 仕掛けに必要なもの　例：シール、つまようじ（旗用）
◆ 見本用の八つ切り画用紙　1枚

❊ 活動の展開例

導入【10分】

①八つ切り画用紙を子どもたちに見せて、「どうしたら画用紙が立つかな」と問いかける。子どもたちの言葉を受け止めながら、折り目を入れたり、丸めると立つことを知らせる。

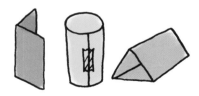

②縦3cm×横15cmの画用紙を半分に折り、折り目をつけると立つことを子どもたちと確認する（a）。画用紙に切り込みを入れて（b）、互いちがいに折る（c）としっかりと立つこと、紙は曲げられることを伝える。「画用紙を組み合わせると道になるね。これで迷路を作って遊びましょう」とうながす。

a　横半分に折る

b　切り込みを入れる

c　互い違いに折る

展開【20分】

③好きな箱を一人ひとつ選ぶ。縦3cm×横15cmの画用紙を横に半分に折り、折り線まで切り込みを入れ、互い違いに折る。それを箱にセロハンテープで貼りつけて道を作る。

> 大きい箱を選ぶ子、長い箱や、柄や色で選ぶ子など、箱選びにも個性が出ます。また、好きなものを選ぶことで自分のものという意識も芽生えます。箱は家庭からひとつずつもってきてもらってもよいでしょう。

④道を変えたいときはセロハンテープをはがして変えること、どんぐりが通れるように試しながら作ることを伝える。

⑤道ができたら、スタートとゴールを決め、わかりやすい目印（旗、シール、トンネルなど）を付けるよううながす。

⑥落とし穴やトンネル、坂道などを作りたいという声が上がったら、作り方を子どもと考え、援助する。子どもの思いを受け止めながら作る。

> 行き止まりや道が二手に分かれるなど、工夫が見られたらほかの子どもたちに伝えましょう。

まとめ【5分】

⑦できあがった迷路にどんぐりを転がして遊ぶ。友達と迷路を交換して遊ぶ。

> 友達の迷路で遊ぶときは、扱い方を確認してから遊ぶようにします。また、壊れやすい部分はセロハンテープを貼り直すなど、強度を高める方法を知らせます。

⑧交換して遊んだあと、友達の迷路のすごいと思ったところ、良かったところ、工夫しているところを伝え合う。

Point

● 製作では、かならず事前に試作品を作りましょう。素材が適しているか、大きさはどうか、用意するものや手順などを事前に確認します。また、予想される子どもの姿もイメージします。つまずきやすい部分はどこか、早くできた子どもへの指示、援助の必要な子どもは誰か、などいろいろな場面を想定することで、配慮すべき点が見えてきます。

● 子どもが工夫した点や良いところを見つけたら、積極的にほかの子どもたちに紹介します。友達の姿に刺激され、工夫する姿が増えていきます。友達同士の学び合いを大切にしましょう。

✳ 年齢別の楽しみ方

4 歳児

板や段ボールを斜めにして坂を作ります。トイレットペーパーの芯（筒状のままや縦半分に切ったもの）をトンネルに見立て、テープで坂につなげて貼り、どんぐりを転がして遊びます。

【5歳児】どんぐり迷路

製作

| 作って遊ぼう |

牛乳パック円盤

部分実習指導計画（例）➡ p.154

ねらい　切りにくい素材を切る方法を知る。円盤を作り、飛ばして遊ぶ

準備しておくもの

- ◆ 1L 牛乳パック　人数分
  ＊事前に右のような加工をしておく
- ◆ はさみ
- ◆ ビニールテープ
- ◆ OPP テープ
  （透明梱包用テープ）
- ◆ 油性マーカー

底を切り、飲み口は一面だけ残して切り取る。本体を半分に折り、つぎ目のあるところまで八等分に切り込み線を書いておく。

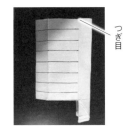

つぎ目

✳ 活動の展開例 -

導入【10 分】

①「不思議な円盤をもってきたよ。どうやって遊ぶものかわかるかな？」と円盤に興味をもたせ、頭にのせたり、腕にはめたりして見せる。

②円盤を飛ばして見せ、この円盤を作って遊ぼうと誘う。

③見本を作って見せる。牛乳パックに描かれた線の上をはさみで切る。

④反り返るようにぐるっと円にして、残してある飲み口をなかに入れ込み、OPP テープで留める。

⑤よく飛ぶように羽の先をビニールテープで巻く。完成したら飛ばして見せる。

展開【15 分】

⑥牛乳パックを配り、切り込み線をはさみで切るように伝える。

> はさみの刃を大きく開き、持ち手に近いところまで牛乳パックを差し込んで切っているか確認しましょう。刃先だけでは力が入らずうまく切れません。

⑦切り終わったら保育者のところへもってくるよう伝える。反り返るよう円にして円盤の
　形にしたら、OPP テープを保育者と一緒に貼る。

> 線の上を端まで切り進められているか確認します。端まで切れていないと、
> 円盤にするときにうまく開きません。

⑧好きな色のビニールテープをはさみで切り、羽の先を巻く。

> ビニールテープは端をテーブルに止め、伸ばして切ると切りやすい。
> 友達に伸ばしてもらい切ってもよいでしょう。

⑨保育者はできあがった子から、油性マーカーで円盤の羽に
　名前を書く。

まとめ【15分】

⑩できあがった円盤をホールなど広い場所で飛ばして遊ぶ。

⑪床にビニールテープを一本引き、そこから決まった方向に
　向けて飛ばして距離を競うと楽しい。

⑫遊び終わったら箱に集め、いつでも箱から出して遊べるようにする。

Point

　5歳児になると、線の上を切り進めたり、切り止めたり、いろいろなはさみの使い
方ができるようになります。切りにくい素材をうまく切るためのポイントを伝え、子
どもたちがコツをつかめるよう指導しましょう。素材の扱い方がわかると、さまざま
な廃材が使えるようになり、遊びが広がります。

✳ 年齢別の楽しみ方

4歳児　紙コップや紙皿など硬くない素材で円盤を作って遊びましょう。円盤は下から上に投げると飛ばしやすいです。

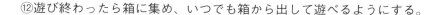

準備するもの

◆ 紙皿　2枚
◆ はさみ
◆ ビニールテープ
◆ ホチキス
◆ マーカー

紙皿円盤

①1枚の紙皿の真ん中をくりぬき、もう1枚の紙皿と向かい
　合わせにして重ね、外側をホチキスで止める。

②ビニールテープで周囲を貼り合わせ、紙皿に模様を描いた
　ら完成。

感触遊び

ねらい　いろいろな感触を手や足、体で感じて楽しむ

感触遊びとは、ドロドロ、さらさら、柔らかい、冷たい、重いといった素材の感触を手や足などで楽しむ遊びです。こうした遊びは心を開放し、身体感覚を豊かにします。

小麦粉粘土

準備しておくもの

◆ 小麦粉（アレルギーの子がいる場合は米粉）
◆ 水　◆ 塩 少々　◆ 油 少々
◆ 食用色素（食紅）　赤、黄、緑
　　＊絵の具で代用可
◆ 材料を入れて混ぜる容器（ボウルなど）
◆ ストロー　◆ 型抜きやヘラ　◆ ラップの芯

【作り方】
小麦粉と水を3：1の割合で容器に入れ、少しずつ水を混ぜて、耳たぶくらいの固さにする。塩は腐敗防止に。油を入れるとなめらかな感触になる。

❊ 活動の展開例

小麦粉粘土を作ろう

小麦粉粘土は、子どもたちと一緒に作ります。最初はサラサラ、水が加わりねちゃねちゃ、こねていくとモチモチの柔らかい粘土になります。だんだんと変わる感触を子どもたちと楽しみましょう。

丸める・伸ばす・つぶす

耳たぶくらいの固さになったら、一人一人に配ります。丸めたり伸ばしたりつぶしたり、思いのままにこねて遊び、最後は自分の好きな形に作ってできあがり！

好きな色をつけよう

食紅の赤・黄・緑を加えると、カラフルな粘土になります。

道具を使って遊ぼう

短く切ったストローを差したり、ストローで模様をつけたり、ラップの芯をめん棒代わりにして伸ばしたり……道具が加わると遊びが広がります。型抜きやヘラなども使ってみましょう。

のり絵の具 （ボディペインティング、フィンガーペインティング）

準備しておくもの

◆ 絵の具（ポスターカラー）
◆ でんぷんのり　◆ ボディソープ
　＊ボディソープを入れると、遊んだあと体に
　　付いた絵の具が落ちやすい
◆ のり絵の具を入れる容器
◆ シートやテーブル　◆ 厚めの模造紙

【作り方】
ポスターカラー、でんぷんのり、ボディソープを２：１：１の割合で容器に入れ、少しずつ水を混ぜて、ドロッと形の残る固さにする。

❋ 活動の展開例

大きなシートの上でヌルヌル

のり絵の具を手ですくってシートの上に広げて感触を楽しみます。

シートの上は滑りやすいので走らないことを約束しましょう。

体に塗って冷たい！

体中に塗りたくると、ひんやり冷たくていい気持ちです。おばけに変身したみたい。

上から落としてベチャベチャ

手ですくって上から落とすと、ベチャッとはねておもしろい。

ヌルヌル手で握手

手にたくさんつけて友達と握手してみましょう。ヌルヌルしてつかめないのが楽しい。

模造紙めがけてバーン

雑巾にたっぷりつけて壁に貼りつけた模造紙めがけて投げてみましょう。ベチャッと貼りついたあとには不思議な模様ができてます！

色のちがう絵の具を混ぜて発見

赤のり絵の具で遊んだあとに黄色のり絵の具を出すなど、色のちがうのり絵の具を加えてみましょう。色が混ざって思わぬ色に変化することを楽しみます。緑＋黄色、青＋赤、白絵の具を登場させてもおもしろい。

苦手な子には無理をさせず興味がわいてやってみたくなるまで待ちましょう。少ない量で感触を楽しめるスペースを作ってあげると安心して遊びはじめます。

製作

【３・４・５歳児】　感触遊び

運 動

幼児期に体を動かす遊びを十分に経験することは、生涯にわたって健康で豊かな日々を過ごすことにつながります。計画的に楽しく体を動かす機会を取り入れていきましょう‼

目的

★進んで体を動かそうとする意欲を育てる

「おもしろそう！」と心が動き、楽しく繰りかえすことが大切。そのためには、子どもの発達や興味に沿った環境を整えるとともに、活動を選びましょう。

★充実感や有能感を味わう

「楽しかった」という充実感、「できた！」「もうすぐできそう」という有能感が次への意欲につながります。

★保育者や友達とのふれあいを通して体を動かすことの楽しさを味わう

楽しく夢中で繰りかえすなかで結果的に多様な動きを経験し、体の動きが調整できるようになります。

幼児期の運動とは

動きの獲得には「多様化」と「洗練化」のふたつの方向性がありますが、幼児期に大切なのは多様な動きを経験し、獲得することといえます。

幼児期に獲得しておきたい基本的な動き

体のバランスをとる動き

立つ、座る、寝る、
起きる、回る、
転がる、渡る、
ぶら下がる　など

体を移動する動き

歩く、走る、はねる、
跳ぶ、登る、下りる、
はう、よける、
すべる　など

用具などを操作する動き

持つ、運ぶ、投げる、
捕る、転がす、
蹴る、積む、
こぐ、掘る、
押す、引く　など

夢中で繰りかえすなかで多様な動きを経験し、さらに体の動きを調整する能力を身につけましょう

子どもの発達と興味をとらえた活動の選択

　毎日の保育のなかに環境や活動を計画的に取り入れましょう。少しだけ難しそうな要素を取り入れることもポイントです。子どもはとても難しそうなことは敬遠する傾向がありますが、「少し」はチャレンジする意欲を引き出します。

「おもしろそう！　やってみたい！」という気持ちになる環境と導入

● 環境

　環境というと、活動に適した空間や用具ということを思い浮かべるでしょう。しかし、それだけではなく、まず安心できる雰囲気が必要です。そして、人的環境として、**楽しそうな保育者**と**動きのモデルとなる保育者**も大切といえるでしょう。

● 導入

　子どもが興味や意欲をもつためには、子どもに楽しさや動き方・ルールが伝わりやすい表現が必要でしょう。たとえば、下記のような表現によって、子どもたちの心が動きやすくなるでしょう。

オノマトペ（擬音語・擬態語）

　「ポーンって投げてみて」「クルクルって回ってね」「そーっと、そーっと」

イメージをもちやすい言葉

　「ウサギみたいに」「カメみたいにゆっくり音を立てないで」

運　動

援助のポイント

\これは**NG！**/

> ● 「できた」「できない」という結果のみを評価する
> 　一人一人の体格・体力・運動技能のちがいが大きいのが幼児期の特徴です。結果のみにこだわらず、取り組みのプロセスを大切にしましょう。
>
> ● 説明の時間や順番を待つ時間が長くなる
> 　たとえば、一斉活動の時間が40分あっても、説明や待ち時間が長いと活動量が確保できなくなります。

発達と遊びの目安  運動

時期		運動機能	走る
3歳児	前半	◆歩く、走る、跳ぶ、押す、引っ張る、投げる、転がる、ぶら下がる、またぐ、蹴るなどの基本的な動作が一通りできるようになる	◆保育者や友達と走ることを楽しむ。まっすぐ走ることが難しかったり、両腕を下げてバランスをとりながら走ったりする姿もある
	後半	◆全身のバランスをとる能力が発達し、片足跳びをしたり、スキップをするなど体の動きが巧みになる ◆活動的になり、全身を使いながらさまざまな遊具や遊びなどに挑戦して遊ぶなど、運動量も増してくる	◆徒競走（おおよそ15〜20m）では、合図でゴールに向かい走るが、走力や走り方は個人差が大きく、競争意識もまだ薄い。転ぶ姿もよく見られる
4歳児	前半		
	後半	◆大人が行う動きのほとんどができるようになる ◆喜んで運動遊びをしたり、仲間とともに活発に遊ぶ ◆縄跳びやボール遊びなど、体全体を協応させた複雑な運動をするようになる ◆心肺機能が高まり、鬼ごっこなど集団遊びなどで活発に体を動かしたり、自ら挑戦する姿が多く見られるようになる	◆徒競走（おおよそ20m前後）では、競争意識が芽生え、速く走ることを意識するようになる ◆転ぶことが少なくなり、スピードをコントロールする力も出てくる
5歳児	前半		
	後半	◆全身運動が滑らかで巧みになり、快活に跳び回るようになる ◆ボールをつきながら走ったり、跳び箱を跳んだり、竹馬に乗るなど、さまざまな運動に意欲的に挑戦するようになる	◆ある程度の直線（おおよそ25m前後）を全速力で走ることができるようになる ◆チーム対抗リレーでは、トラックを巧みに走る様子も見られる

鬼ごっこ	ボール
◆保育者を追ったり、保育者に追われたりすることを楽しむ	◆一人ひとつのボール（両手に収まる程度の柔らかい素材）を持ち、転がす・投げる・転がったボールを追いかけるなどを楽しむ ◆投げられたボールを受け取ることはまだ難しい
◆保育者と一緒にイメージや歌、定型のやり取りのある簡単なルールの鬼ごっこを楽しむ。 例:「むっくりくまさん」「あぶくたった」「おおかみとこぶた」など	
	◆つく・蹴るなどの動きを楽しみ、保育者の投げるボールを受け取ることもできる ◆おおよそ2m程度投げられるようになる
◆2チームに分かれ、陣地を設けた鬼ごっこを楽しむ。 例:「助け鬼」「島鬼」「しっぽ取り」など ◆相手を見ながら追いかけたり、つかまらないように体をかわしたりするようになる	◆保育者や友達の投げるボールの動きを見て体をかわすことができる ◆肩からボールをおおよそ2〜3m程度投げることができはじめる ◆サッカー遊びは、ドリブルやサッカーゴールをめがけて蹴るなど楽しむ ◆自分がボールを扱う楽しさだけではなく、ボールを介して友達に働きかけることも楽しむようになる
◆3すくみ鬼（3チームが同時に追いかけたり、追われたりする鬼ごっこ）のルールも理解する。 例:「じゃんけん鬼」「ドラえもん鬼」など	◆チームや勝敗を意識し、ドッジボールやサッカーを楽しむ

運　動

発達と遊びの目安

運動機能の欄は、保育所保育指針（厚生労働省、2008年告示）「第2章　子どもの発達」より作成

┊ 走る ┊
かけっこ

ねらい　喜んで「かけっこ」に参加し、先生や友達と一緒に走ること
を楽しむ

「走るって楽しい」「先生や友達と一緒に走ると楽しい」という経験をたくさん重ねましょう。また、ジグザグに走る、築山などの傾斜をかけ上ったり、かけ下りたりするなど、多様な動きも楽しみながらやってみましょう。

準備しておくもの

◆ ラインカー
　＊石灰を十分に入れておく
◆ 三角コーン　4つ
◆ ペープサート
　＊動物などの絵を描いておく

✻ 活動の展開例

導入【5分】

①準備運動として音楽に合わせて体操をしたり、園庭のあちらこちらを楽しく走り回ったりする。

> 3歳児の一斉活動は、安心した雰囲気のなかで楽しく行うことが何より大切です。いきなり子どもを並ばせて説明するのではなく、自然と体を動かせるようにしましょう。

②子どもたちを集めて「今日は「よーい、ドン！」で友達とウサギさんやクマさんのところまで走ってみましょう」と説明し、スタートとゴールのラインを石灰で引く。待つ場所は友達の走る様子がよく見える場所にする。

> 子どもたちの目の前で書くことで、より興味をもちます。また、ラインへの意識も高まることでしょう。

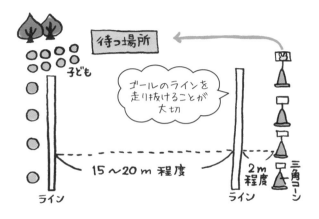

展開【12分】

③3名ずつくらいで名前を呼び、スタートラインに立つように声をかける。ゴールや走り
終えたら待つ場所を再度確認して、「よーい、ドン！」でスタートする。

④全員終わったら、合図をよく聞いて走ったことを
認め、2回ほど繰りかえす。

> 保育者の立つ位置にも気をつけましょう。

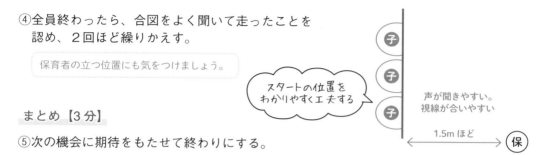

スタートの位置を
わかりやすく工夫する

声が聞きやすい。
視線が合いやすい

1.5mほど

まとめ【3分】

⑤次の機会に期待をもたせて終わりにする。

Point

　運動会での3歳児の徒競走は、一度に走る人数を少なくしましょう。まっすぐ走る
ことが難しい時期なので、空間に余裕をもつことでぶつかる危険が避けられます。

運
動

【3歳児】　かけっこ

✳ 年齢別の楽しみ方

4 歳児後半

5 歳児

● 運動会の徒競走では競争意識が芽生え、速く走ることを意識するようにな
ります。チーム対抗リレーにも意欲的に取り組むことができるでしょう。

● リレーはトラックを走ることにこだわらず、直線距離を長く確保できる折
りかえしのコースも考えましょう。また、待ち時間が長くならないように、
リレーのチームの人数にも配慮しましょう。

> 待つ子ども、走り終えた子どもの待つ場所をよく考えましょう。走っている友達が見える
> ような工夫をすることで、友達やチームの様子に自然に関心をもつようになります。

 考えて みよう　　徒競走は走る距離も大事！

　子どもたちが思い切り走りきることのできる距離を考えましょう（年齢や発達に
よっておおよそ20〜25m前後）。また、徒競走ではゴールを走り抜ける距離（お
およそ2m前後）も確保する必要があります。なお、幼児期は心肺機能が十分
ではなく、持久走はあまり適さないといわれています。無理のないように気をつ
けましょう。

フープ

ねらい　フープに興味をもち、いろいろな動きをすることを楽しむ

子どもたちにとって色とりどりの丸いフープはとても魅力的！　用具の魅力で楽しく体を動かすうちに、さまざまな動きが引き出されます。

準備しておくもの

◆ フープ　人数分
　＊大小さまざまな
　　サイズでもよい

● 保育者

子ども

✳ 活動の展開例

導入【5分】

①準備運動として音楽に合わせて体操をしたり、園庭やホールのあちらこちらを楽しく走り回ったりする。

展開【22分】

②子どもたちは友達と間隔を空けて、少し離れた場所に座る。保育者が子ども一人一人に、上からフープをかける（フープの内側に座る状態にする）。「○ちゃんは何色かな？」「さわやかな青色！」などと声をかけ、どの色でも楽しめるようにする。

バナナの
黄色だね

③「立ちます、ホイ！」「座ります、ホイ！」などとリズミカルな合図を言い、立つ−座る−片足で立つ−ジャンプするなどの動きを繰りかえす。

「ホイ」のときにタンブリンなどをたたくと、さらに楽しい雰囲気になります。

④「ウサギさんになって……外に、ホイ！」「中に、ホイ！」などと声をかけ、地面や床に置いたフープから両足ジャンプ（様子によっては両足ジャンプでなくてもよい）をして、出たり入ったりを繰りかえす。

ウサギさんになって
……
外に、ホイ！
ピョン

⑤フープを使って楽しく体が動かせるような遊びを子どもたちに提案する。

● **お引越し**

「友達の家とお引越し！」（全員が移動する）、「黄色の人はお引越し！」（黄色のフープの子どもだけ移動する）など。

● **フープ転がし**

子どもをフープの内側に座らせて、保育者自らがフープを転がして見せる。転がすときは「3、2、1！」などとカウントダウンをして、子どもたちが興味をもって見られるようにする。

クラスの半数程度の子どもに端のほうに移動するように話す。真ん中に残った半数程度の子どもが自分のフープを転がし、何度かしたら交代する。何人かの子どもの様子をみんなで見る機会も設定する。

> このとき、フープを投げないように注意をうながします。フープを立ててコマのように回す・友達と転がし合うなどの新しい動きが子どもから出たら、認めるようにしましょう。

まとめ【3分】

⑥自分なりに動きを工夫していたり、繰りかえし挑戦していた子どものことを認め、次の機会に期待をもたせる。その後、みんなでフープを片づける。

※ **年齢別の楽しみ方**

4 歳児後半

楽しみながら巧みな体の動きが身につきます。
● たくさん並べて「どんジャンケン」や「ケンパー」をする
● 縄の代わりに縄跳びのように跳ぶ

5 歳児

● 腰のところでクルクル回す
● 転がしたフープをくぐり抜ける
● 鬼ごっこ

鬼役以外の子どもは置かれたフープの内側に立つ。みんなで「お引越し、お引越し、誰がお引越し」と言い、鬼役の子どもが「○○色」と言う。指定された色のフープにいる子どもが場所を移動する。鬼役の子どもは、その移動のあいだにタッチをし、タッチされた子どもが次の鬼役になる。

> フープの数を人数分より少なくすると、狭い空間に子ども同士が体を寄せ合って立つことになり、楽しさや一体感が増します。

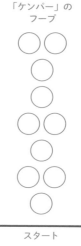

「ケンパー」のフープ

スタート

運動

【3歳児】　フープ

| 鬼ごっこ |

しっぽ取り

ねらい 喜んで「しっぽ取り」に参加し、しっぽを取ったり逃げたりすることを楽しむ

部分実習指導計画（例）➡ p.150

「追う―追われる」だけでも楽しい鬼ごっこに「しっぽ」というモノが加わります。走力だけではなく、体の動きの巧みさやまわりを見る力がついて、楽しさが広がります。

準備しておくもの

◆ しっぽにする物（バンダナや40cm程度の縄など）人数分
◆ かご（20cm×10cm）4つ
 ＊図のように2つずつ組み合わせたものを2組作っておく

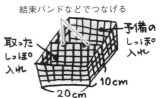

✳ 活動の展開例

導入【5分】

①準備運動として音楽に合わせて体操をしたり、ゆっくりと走ったりする。

②ルールを説明する。

展開【25分】

③全員で「3、2、1、スタート！」とカウントダウンをして開始する。子どもたちの様子を見ながら、ルールの理解が十分でない子どもには具体的に指示をする。

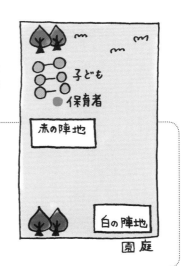

ルール

①「3、2、1、スタート」で自分の陣地から出て、相手を追いかけてしっぽを取る。相手の陣地に入ってはいけない。
②取ったしっぽは手に持ったまま続ける。自分の陣地に戻って「取ったしっぽ入れ」のかごに入れてもよい。
③しっぽを取られたら自分の陣地に戻り、「予備のしっぽ入れ」のかごからしっぽを取ってつける。その後、再び鬼ごっこに参加する。

④どちらかのチームの予備のしっぽがなくなったら終了の合図をし、自分の陣地に戻るように話す。保育者が勝敗を伝えて1回戦を終了する。

⑤双方のチームの良い動き方などを認めたり、ルールの理解をより共通にしたりする。

⑥子どもたちの状況を見ながら、もう1回戦する。

まとめ【5分】

⑦動き方を工夫していた子どものことやルールを守って遊んだことなどを認め、次の機会に期待をもたせる。

Point

● 子どもたちが「楽しめていない」と感じたら、相談しながらルールを変えます。たとえば、逃げる範囲。思い切り走る経験をさせたいという願いから広い範囲を設定しても、しっぽが取れないのでは楽しくありません。また、しっぽの数も子どもたちの動きに合わせて足したり減らしたりしましょう。

● どのような状態になったら1回戦が終わるのかも考えましょう。エンドレスだと子どもたちの集中力が途切れ、体力的にも厳しくダラダラした雰囲気になりがち。終わり方がわかれば、好きな遊びの時間に子どもたちだけで楽しむことができます。

✳ 年齢別の楽しみ方

  「先生をつかまえたい」「先生につかまえられたい」というシンプルな追いかけっこがスタートです。「オオカミとヤギ」「ハチとチョウ」など身近な動物のイメージで「追う—追われる」動きをすることでより楽しくなります。「むっくりくまさん」「あぶくたった」のようなイメージに音楽や表現、定型的なやり取りが加わる鬼ごっこもよいでしょう。

 チーム戦を楽しむようになります。つかまらないことが保障される安全基地があったり、相手の陣地につかまった仲間を助けたり……とルールを複雑にすると、楽しさが増します。

5 歳児後半　3チームが同時に追いかけたり、追われたりする鬼ごっこができるようになります（「じゃんけん鬼」）。

〈じゃんけん鬼のルール〉
グー、チョキ、パーの3チーム
● グーチーム⇒チョキチームをつかまえられるが、パーチームに追われる
● チョキチーム⇒パーチームをつかまえられるが、グーチームに追われる
● パーチーム⇒グーチームをつかまえられるが、チョキチームに追われる

運動

【4歳児】しっぽ取り

縄跳び

ねらい　縄跳びに興味をもち、いろいろな跳び方を楽しむ

「短縄を回してリズムよく跳ぶ」ことは、手足の協応性が必要な難しい動きです。長縄や短縄を使ったさまざまな動きを経験し、縄で遊ぶ楽しさを十分に感じてからチャレンジしましょう。

準備しておくもの

◆ 短縄　人数分
◆ 長縄　1本

❋ 活動の展開例

導入【5分】

①準備運動として音楽に合わせて体操をしたり、ゆっくりと走ったりする。

②一人一本の短縄を持ち、持ったら友達にぶつからないように広がって待つことを伝える。

展開【20分】

③短縄を4分の1に折り、両手で持ったままあげたり下ろしたりする。次に胸の前で持ち体をひねる。次に、片手で持ち、肩の高さや頭の上でくるくる回す。

④縄を地面に直線状やS字状にして置き、その上を歩く。友達の縄の上を歩いてもよい。

⑤短縄を地面に円状に置き、円内に立つようにうながす。タンブリンをリズムよくたたき、合図で円の外にジャンプで移動する。様子を見ながら、両足で、あるいは片足でジャンプするように言う。

⑥短縄を片づけて、長縄を用意する。片側を適当な場所（柱や木、鉄棒など）に結わえ、保育者が縄を「へび」のように動かして順番に跳ぶ。

⑦２巡ほどしたら、次は「波」のように動かして順番に跳ぶ。

まとめ【5分】

⑧「最後に、波を跳んだら部屋に戻りましょう」などと言い、次の機会に期待をもたせる。

✳ 年齢別の楽しみ方 ──────────────────────

長縄　跳びやすいのは短縄より長縄！

3歳児　4歳児前半
- はじめての長縄跳びは**へび**がいいでしょう（展開⑥）。時には動きを止めたり、また動かしたり……子どもたちはそれをピョンと跳んでいきます。慣れてきたら動かし方を大きくしましょう。
- 次は**波**。子どもが同じ場所で飛べるよう地面に円を描き、「この中で跳んでね」と言うと跳びやすくなります。

4歳児後半　5歳児
- シンプルな「波」ができるようになったら、「♪大波小波でぐるりと回してネコの目」「♪郵便屋さん、落とし物。拾ってあげましょ、１枚２枚３枚……10枚、ありがとう」などにチャレンジしましょう。
- 大縄を何回跳べるかや、友達と一緒に跳ぶなども楽しいです。
- 回している長縄に入り、走り抜けることもできるようになります。さらに、入って跳ぶ・入って跳んで抜けるなど、次々にチャレンジする子どもの姿も見られます。

短縄　跳ぶ前に、たくさん縄に親しみ、縄を使うことで、いろいろな体の動きを経験しましょう

3歳児　4歳児前半
- 縄を地面に置いて、その上を歩く（まっすぐ置く・S字状に置く・円状に置くなど）
- 円状に置いた縄の中に入ったり出たりする
- 綱引きをする
- 電車ごっこをする
- 縄を短く持ってクルクル回す

動きを楽しむうちに、いろいろな動きを経験していきます。

4歳児後半　5歳児

遊びのなかで興味をもった子どもは、自ら繰りかえすようになります。数を数えて励みにすることもよいでしょう。

運動

【4歳児】縄跳び

| ボール遊び |

ドッジボール

ねらい　ドッジボールに喜んで参加し、友達の動きを見ながら
投げたり逃げたりすることを楽しむ

ボールを投げる、受け取る、避けるなど多様な動きに加え、スピード感やチームワークも楽しめます。

準備しておくもの

◆ 石灰
◆ ボール　ひとつ
　＊ゴムなどの柔らかい素材で、
　子どもが投げやすく取りやすい大きさ

コートの広さ

子どものボールの
飛距離から考える。

3～5ｍ
ほど

子どもの人数が多い
場合は、この距離を
長くする

✲ 活動の展開例

導入【5分】

①準備運動として音楽に合わせて体操をしたり、
ゆっくりと走ったりする。

②2チームに分かれて、紅白帽子をかぶる。

人数が多い場合は半分を「応援隊」と称し、見
やすい位置で見学するようにします。

チームの分け方例
● 二人組になって2列に並び、左側が
　白・右側が赤
● 二人組になってジャンケンをし、
　勝ったら白・負けたら赤
● 生活グループなどを用いる
　いつもとちがう方法にすると、それだ
　けで楽しい雰囲気になる。

展開【20分】

③「3、2、1、スタート」でゲームを開始する。

「はじまるぞ！」ということがはっきりとわかり、気持ちも高まるような合図が必要です。
それにはカウントダウンがぴったり！

④子どもたちの様子によりゲームの終わり方を考える。たとえば、「内野の全員が当たる
まで」「内野が二人になるまで」など。外野の子どもの運動量や意欲、ボールを投げる
距離やコントロールする力にもよる。

⑤ボールを持ったらすぐに投げると当てやすいこと、相手チームの投げるボールの動きを
よく見ることなどを必要に応じて伝える。

まとめ【5分】

⑥次が最後のゲームであることを伝え、どうしたら勝てるかをチームで相談するように言う。

⑦動き方を工夫していた子どものことを認め、次の機会に期待をもたせる。その後、みんなで片づける。

Point

　バウンドしたボールや転がるボールなども「当たり」としたほうが、子どもたちだけでも判断しやすいです。「外野の子どもが内野の子どもを当てた場合に内野に戻る」というルールは、あとから加えるほうがわかりやすいでしょう。

✳ 年齢別の楽しみ方 ------------------------------

3 歳児　**4** 歳児前半

一人がひとつのボール（両手に収まる程度の柔らかい素材）を持ち、転がしたり、自分なりの投げ方で投げたり、蹴ったり、転がったボールを追いかけたりなどを十分に楽しみます。
次第に、大きさや素材のちがうさまざまなボールにふれていくことも大切です。**ボール送りゲームや玉入れ、ゴールに向かって蹴るなど簡単なルールの遊びを楽しみましょう。**

4 歳児後半　**5** 歳児前半

転がしドッジボールや中当てが楽しめるようになります。そして、2〜3m程度投げたり、キャッチしたりできるようになると**ドッジボールが楽しめるようになります。**

考えてみよう　<u>子どもたちだけでドッジボール</u>

「ドッジボール」というと、保育者が笛を吹いて審判をする姿をよく見ます。本当に「笛」は必要でしょうか。たとえば、保育者も仲間になってボールの投げ方や取り方、逃げ方のモデルを示したら、もっと楽しくなるかもしれません。
遊びの時間に子どもたちだけでゲームを進められたら、繰りかえすなかで一人一人の力がさらに増すでしょう。そのために必要なことは、はじめから視野に入れておきます。

- ●子どもたちがラインカーを使い、自分たちでコートのラインを書けるようにする
- ●ボールに当たったかどうかを自分たちで判断できるようにする
- ●ゲームのはじめ方と終わり方をシンプルにわかりやすくする

小学校入学間近の子どもたちが、自分たちでドッジボールを楽しむ姿をめざしましょう！

運　動

【5歳児】　ドッジボール

サーキットゲーム

ねらい　いろいろな動きに挑戦したり繰りかえしたりしながら、
　　　　サーキットゲームを楽しむ

公園を歩く子どもを見ていると、「水たまりを跳び越える」「狭い空間を通り抜ける」「後ろ向きで歩く」「花壇の細い淵を歩いたり、そこから飛び降りたり」など、実に楽しそうです。サーキットゲームには、このような子どもたちが大好きな動きや挑戦できる要素を取り入れていきましょう。

準備しておくもの

◆ 平均台
◆ トンネル
　＊既成のものや段ボールを
　　利用したもの
◆ 室内用のすべり台
◆ マット

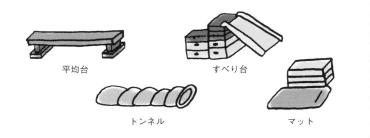

平均台　　　すべり台　　　トンネル　　　マット

❋ 活動の展開例

導入【10分】

①準備運動として音楽に合わせて体操をしたり、ゆっくりと走ったりする。

②子どもたちを集め、説明をして、用具の用意をする。子どもたちができることは一緒に準備する。
●平均台
●巧技台2段と3段程度とマットを用意し、飛び降りることのできるコーナー
●段ボールや幼児用運動遊具のトンネルを使って、くぐり抜けることのできるコーナー
●誰でもできるような使い慣れた滑り台のコーナーなど

> 子どもが選択できることが大事！　安心感とチャレンジの双方を保障します。

③子どもたちが一方向に動けるように動線を伝え、あとは「好きなところからどうぞ」「同じところを何度もしてもいいのよ」などと指示すると、並ぶ時間が短く楽しむことができる。

> 子どもたちを長い時間待たせてしまうと、結果として運動量を確保できなくなります。

展開【25分】

④子どもたちに人気のあるコーナーや混雑するコーナーが出てきたら、可能であれば数を増やす。

⑤危険な使い方が生じたときは、一度子どもたちに安全な動きを確認する。

> 競争にすると、子どもは急いで動こうとし、けがにもつながります。ひとつのコーナーをいろいろな方法で楽しめば、体の動きもそれだけ多様になります。

まとめ【5分】

⑥動き方を工夫していた子どものことを認め、次の機会に期待をもたせる。その後、みんなで片づける。

Point

● はじめての経験をする場所は**1か所**にしましょう。保育者はその場所を中心に援助をすることができます。

● 保育者はつねに全体の様子を見ることができる位置にいるようにします。怪我につながることもあるので、場合によっては複数の保育者で援助ができるといいでしょう。

● 子どもたちの様子によって、コーナーを増やしたり、減らしたりしましょう。また、途中で子どもが**新たな目標**をもてるように変化を加えると楽しく続けられます。たとえば、子どもが巧技台から飛び降りる際の目標として、保育者がタンブリンを持って立ったり、子どもが飛び降りるマットにビニールテープを貼ったり……などです。

● 「よじ登る」「押す」「引く」などの動きは、日常の生活や遊びのなかで少ないといわれています。日頃の体の動きに着目し、**さまざまな動きが経験できるコーナー**を考えましょう。

● 室内だけではなく、**園庭の固定遊具を生かしながら**サーキットゲームを設定することもできます。

運　動

【5歳児】サーキットゲーム

ゲーム

ドキドキ・ワクワクのゲーム遊びですが、ただ楽しいだけではありません。人の話を聞いて理解すること、自分の意見を伝えること、友達と協力することなど社会性につながる要素がたくさんある活動です。

目的

★心地よい緊張感と充実感を味わう

ドキドキしながらも「楽しかった」「またやりたい」と感じることは、自信や次への意欲につながります。

★社会性を身につける

ゲームで楽しく遊ぶためにはルールに従うことが必要です。ルールを守る必要性について経験を通して理解していけるようにしましょう。

★集団遊びの楽しさを味わう

内容によっては不安を感じてしまう子どももいます。みんなが遊んでいる様子を見て納得したら参加するという子どももいます。集団遊びのおもしろさをそれぞれが味わえるようにしましょう。

ゲームとは

種類

頭脳系

鬼の言うことを聞いて移動するなど、考えながら遊ぶゲーム

- まちがい探し　● 連想ゲーム
- 宝探し　● りすさんのお引越し　など

体育系

体を思い切り動かすゲーム

- オセロゲーム　● ねことねずみ　など

リズム系

リズムに合わせて進めていくゲーム

- やおやのお店
- 落ちた落ちた
- まねっこ遊び　など

ある　ある

ルールの説明は実際に行いながら

　ゲームのルールは実際に行いながら説明しましょう。視覚情報があると理解しやすいです。慣れるまではその都度ルールを伝えたり、「こうしたらどうする？」など子どもたちと確認しながら行いましょう。

アレンジはタイミングがポイント

　飽きてきた様子が見られたら、アレンジを加えていきましょう。アレンジは小出しにすると子どもたちの気分も変わり、さらに楽しめます。

遊びに入りたがらない子どもがいたら

　遊びに入りたがらない子どもがいた場合は、無理強いせずに子どもの気持ちを受け止め、その子なりの参加の仕方を認めてあげましょう。保育者と一緒なら参加できる、みんなが遊んでいる様子を見て納得したら参加するという子どももいます。「先生と一緒にやってみる？」と聞いたり、「やりたくなったらいつでも来てね、待っているね」と話すなど、いつでも参加できることを伝えていきましょう。

年齢はもちろん気候も視野に入れる

　適正年齢のあるゲームがある一方、遊び方を工夫すればどの年齢でも楽しめるゲームもあります。また、子どもたちの経験によっても、選ぶゲームは変わってきます。雨続きで外遊びができないときは、発散できるような体育系のゲームを設定するなど、天気や気候も視野に入れてゲームの内容を考えましょう。

自分たちで再現できる環境を整える

　子どもは「楽しかった」ことをすぐに遊びに取り入れていきます。使用した道具などは子どもたちが自由に使えるように環境を整え、自分たちで楽しんでいけるようにしましょう。

発達と遊びの目安 ゲーム

	時期	ルールの理解	勝敗	協力
3歳児	前半	◆興味のあることに関しては聞くが、長くなると飽きる ◆視覚情報があると、さらに理解しやすい	◆どんな状況でも自分が1番だと思っている	◆友達と協力して楽しむよりも、まずは自分自身が楽しむことが大事 ◆徐々にまわりの友達への意識が高まり、関わって遊ぶ経験から、みんなで一緒に遊ぶと楽しいということに気がつく
	後半		◆1番でないことに気づくが、納得がいかず、1番であることを主張する	
4歳児	前半	◆落ち着いて話を聞ける時間が長くなるが、興味をもてないと難しい ◆言葉だけの説明は端的でないと、印象に残ったことだけの理解になりがち。そのため、ルールの説明は実際に行いながら繰りかえし伝えていくなど工夫する	◆勝敗がわかるようになり、負けたことを悔しく感じる	
	後半			◆友達と相談したり、協力したりしながら取り組むことができる ◆ルールを決めて遊んだり、競い合ったり、同じ行動をしたり、相手に合わせながら遊べるようになってくる ◆役割決めなどでけんかも増えてくるが、繰りかえし経験することで、相手の気持ちをくみとったり自分たちで話し合って解決したりできるようになる
5歳児	前半		◆勝ちたいという意識が強くなる	
	後半	◆話を聞く態度が身につき、言葉だけでも理解できるようになる	◆勝つためにはどうしたらいいか、チームで相談できるようになる	

じゃんけん	頭脳系 「まちがい探し」 など	リズム系 「やおやのお店」 など	体育系 「オセロゲーム」 など
◆グーチョキパーを覚える 例：「グーチョキパーでなにつくろう」「げんこつ山のたぬきさん」 ◆じゃんけんの意味はわからないが、じゃんけんすることを楽しんだりする	◆視覚からの情報が単純明快であれば楽しめる	◆保育者のまねをしながら楽しむ	◆保育者を追ったり保育者に追われたりすることを楽しむため、保育者 vs. 子どもたちという形で行う
◆じゃんけんの意味が少しずつわかるようになる ◆保育者とじゃんけんすると、保育者と同じものを出すことを楽しむ姿が見られる			
◆じゃんけんの意味がわかる ◆勝ちたい気持ちが強いと、勝つまでやりつづけようとしたり、後出しをしたりすることもある ◆「じゃんけん列車」「どんじゃんけん」「渦巻きじゃんけん」などを楽しむ	◆難しい問題も、いくつちがいがあるなど少しヒントを与えれば、より意欲的に取り組む	◆保育者がリードしていくが、答えは自分で考えることができる	◆遊びながら繰りかえしルールを伝えていくことが理解につながり、楽しめるようになる ◆一度ルールを伝えれば理解して楽しめる
◆じゃんけんの意味がわかり、負けたくないと思うと、じゃんけんすることを嫌がることもある ◆じゃんけんを使った遊びを楽しむ 例：「どんじゃんけん」「あっちむいてホイ」 ◆「負けたら勝ちじゃんけん」「グリコじゃんけん」「餃子じゃんけん」など、アレンジじゃんけんも楽しめるようになる	◆かなり複雑な視覚情報でも注意深く見ることができ、記憶力もかなりある	◆自分なりに考えて判断できるようになる ◆子どもたちが主体となって進めていくことができる	◆誰を捕まえようかターゲットを決めたり、両手を使って二人同時に捕まえたりできる

ゲーム

発達と遊びの目安

3歳児

⏱目安 **25**分

| 頭脳系ゲーム |

部分実習指導計画（例）➡ p.148

フルーツバスケット

ねらい　フルーツバスケットのルールを知り、保育者や友達と楽しむ

準備しておくもの

◆ 果物が描かれた目印（腕輪など自他ともに見えるもの）
 ＊グループ（5人程度）ごとに果物を割り振る。りんご、バナナ、メロン、ぶどう、みかんなど

◆ 目印を入れるカゴ
◆ いす　子どもの人数分

【腕輪の作り方の例】
トイレットペーパーの芯を縦に切り開き、横にして3分割する。同サイズの紙（果物と同色にするとわかりやすい）に果物を描き、トイレットペーパーの芯に貼る。

✳ 活動の展開例

導入 【5分】

①子どもたちにいすに座るようにうながす。目印となるものを配る。

> 目印の果物はお楽しみにして、子どもの要求には「何かな」と返事をするといいでしょう。

いすの並べ方
子どもが隙間に落ちないように間隔を詰めて、円になるように並べていく

↑
内側に向ける

展開 【17分】

②保育者は円の真ん中に立ち、「りんごの人」など順番に何の果物かを言い、まずは自分が何の果物か、子どもと一緒に確認する。

③「自分の果物を言われたら、今座っているいすではないいすに座りましょう」とルールを伝え、果物ごとに順番に行う。

> 言葉だけの説明は難しいので、実践しながらルールを伝えましょう。

④子どもたちがルールを理解していることがわかったら、「今度は先生も座るからね！いすに座れなかった人が果物を言う役になるよ」と伝え、ゲームをはじめる。いすに座れなかった子どもは真ん中に立ち、果物を言い、空いているいすを探して座る。自分の果物を言われた人も、同様の動きをする。これを繰りかえす。

> 子どもたちの様子を見て、「フルーツバスケット」と言ったら全員が移動する、というルールを付け足す。

⑤あと2回で終わりにすることを伝え、最後の果物を言う役は保育者になるようにする。最後は自分のいすに座るよう伝える。

まとめ【3分】

⑥みんなと一緒にフルーツバスケットをして楽しかったことを伝え、子どもたちにも感想を聞く。楽しかった、悔しかったなどそれぞれの思いを受け止め、次回に期待がもてるようにする。

Point

　いすに座れず泣き出したり、鬼になってもなかなか果物を言えない子どもがいたら、手をつないで一緒に鬼になったり、子どもが言いたいことを代弁したり、テンポよく進められるように配慮しましょう。

ゲーム

【3歳児】フルーツバスケット

✽ 年齢別の楽しみ方

3 歳児前半　**いちごミルク**
ふたつのグループに分け、赤白帽子をいちごは赤、ミルクは白にしてかぶります。赤白帽子をかぶっているので、保育者も子どもたち一人一人の理解度がはっきりとわかります。

4 歳児　**動物バスケット**
動物の絵が描かれた目印を身につけ、お題として出された動物の動きや鳴き声をまねしながら移動します。「動物バスケット」で全員が動きます。

5 歳児　**なんでもバスケット**
「今日の朝ごはんがパンだった人」など、何を言ってもOK。当てはまる人が、席を移動し、「なんでもバスケット」で全員が移動します。

> お題を考える力や、みんなにわかるように伝えることで、自己表現力も身につきます。ただし、何を言おうか迷ってしまう場合にはヒントをあげましょう。

★注意点
鬼になりたくてわざと座らない子どもも出てきます。その場合は、「3回鬼になったら1回休み」などのルールを作る工夫が必要です。

体育系ゲーム

オセロゲーム

ねらい
● 一人一人、思い切りゲームに参加し楽しむ
● チームで力を合わせて、ルールを守り勝ち負けを楽しむ

赤白のコマをひたすらひっくり返すという簡単な遊びですが、とても盛りあがるゲームです。コマを数えて勝敗を決めることで、数への興味にもつながります。

準備しておくもの

コマ
◆ ダンボール(20cm × 20cm) 30枚
◆ 赤と白の色画用紙(20cm × 20cm) 各30枚
ダンボールの片面が赤、もう片面が白となるように画用紙を貼る
　　＊コマは偶数であれば何枚でも可。子どもの人数で調整する

◆ ストップウオッチ
◆ コマをしまう箱
◆ 笛
◆ 赤と白のビニールテープ
　　＊前日の保育後、床に貼っておく。
　　　その際、実際にコマを並べて範囲を決める

✳ 活動の展開例

導入【3分】

① 「オセロ」を知っているか、遊んだことがあるかを子どもたちに聞く。

② コマを見せながら、「今日は大きなコマを使ってオセロゲームをします！」と、これからの遊びに興味がもてるようにする。

展開【15～22分】

③ 子どもたちに2列に並ぶよううながし、各列が同人数になるよう調整する。赤チームと白チームに分け、チーム色のビニールテープに沿って座るように言う。

④ コマを数枚並べ、保育者が実際に行いながら遊び方(自分のチームの色になるようひっくり返す)を説明する。その際、終了の笛ですぐに線に戻ることを伝える。

⑤ コマを赤・白同数になるようランダムに並べる。

⑥ 各チームの半分の子ども(多くても5人まで)を線の上に立つようにうながす。ほかの人は応援して待つように言う。

「○ちゃんから△くんまで」など具体的に示してあげましょう。

⑦ゲームスタート!!（笛を吹くなどして知らせ、ストップウォッチで30秒計る）。子ども
たちは30秒間、自分のチームの色になるように全力でコマをひっくり返す。

⑧ゲーム終了の笛を鳴らし、子どもは線のところに戻る。

⑨コマの数を数え、結果を発表する。

⑩❺から❾を繰りかえし行う。各チーム2回は行えるようにする。

白熱して友達を押すような姿が見られた場合は、「友達を押さない」というルールを
付け足すとよいでしょう。

まとめ【5分】

⑪楽しかった、悔しかった、またやりたいなど子どもたちの気持ちを受け止め、次への期
待をもてるようにして終わる。

Point

　ルールは簡単ですが、子どもたちが楽しむためには子どもの人数とコマの数、ゲーム
を行う範囲が重要となります。

ゲーム

【4歳児】オセロゲーム

❋ 年齢別の楽しみ方

親子　オセロゲームは、どの年齢でも親子ゲーム
としても楽しめます。親子ゲームの場合、
いろいろな対戦の仕方があります。

*親は子どもを抱っこし、子どもがひっくり返す
（親がかなりハードな方法です）。
*親子で手をつなぎ、どちらかがひっくり返す。

親 VS 子ども
〈親子で2チーム分けた場合〉
● 子ども vs. 子ども
● 親 vs. 親
● 親子 vs. 親子
● 子ども（親）vs. 親（子ども）

考えてみよう　**時間のロスを減らすには？**

オセロゲームはコマを数えて勝敗が決まります。そして、次の対戦のためにすぐ
に各色同数になるよう並べ直さなくてはなりません。この部分の時間を短縮する
ための工夫を考えてみましょう。

| 表現遊び |

忍者にんにん

ねらい　さまざまな動きを自分なりに表現することを楽しむ

忍者になりきって遊びます。「修行」という、いつもとはちがう言い方をするだけで
ワクワク度はあがり、より楽しんで取り組めます。

準備しておくもの

◆ 紙芝居（例）『じゅもんは　とんとんまるまる』
浅沼とおる／作・画　教育画劇　1997 年
◆ 曲「しゅりけんにんじゃ」
作詞：谷口國博　作曲：中川ひろたか
*『Let's Go! 令和キッズ こどもヒット・ソング〜うたっちゃう！おどっちゃう！〜』（キングレコード）に収録

✳ 活動の展開例

導入【7分】

①紙芝居『じゅもんは　とんとんまるまる』を、
子どもたちと一緒にじゅもんを唱えながら
読んで楽しむ。

展開【20分】

②「では、これからみんなも忍者になる修行を
するでござる」と忍者になって子どもたち
に話をし、気分を盛り上げていく。

③「修行その1、忍者体操」
友達にぶつからないように広がるよううな
がし、動きの説明を簡単に行う。

④「しゅりけんにんじゃ」の曲を流し、曲に合わせて体を動かす。

　子どもたちの手本となるように、大きく体を動かしましょう。

⑤「修行その2、忍法！　忍び足の術」
「敵に見つからないようにそぉーーーーっと歩くのでござるよ、よいな」と忍法の名前
とやり方を伝える。「とんとんまるまる、忍び足の術」と言い、子どもたちと一緒に保
育室内を忍び足で歩く。「なかなかよいでござるな。では、次の修行にいくでござる」

⑥「修行その３、忍法！ 変身の術」「とんとんまるまる、
　カエルに変身するの術」と言い、
　子どもたちと一緒にカエルになって保育室内をジャ
　ンプしたり、鳴いたりする。

> おもしろい動きやよく特徴をとらえた動きをしてい
> る子を見つけ、具体的に動きを紹介しましょう。

⑦「サル」「ゴリラ」「フラミンゴ」「飛行機」などま
　ねしやすいものを忍法としてあげ、同じように行う。

⑧「では、今度は少し難しくなるでござる。いいでござるか」「とんとんまるまる、シャ
　ボン玉の術」と言い、ふわふわした動きをする。少ししたら、「あっ、パチンと割れた」
　と言って、次の修行に移る。

> 「ふわふわー」「上にあがっていく」など子どもたちがイメージしやすいような声をかけましょう。

⑨❽と同様のやり方で「風」「雨」なども行う。「みんなやるでござるな」と子どもたちの
　表現を認める。

⑩「修行その４、忍法！ きつね走りの術。つま先だけで走ることでござる、よいな」
　「とんとんまるまる、きつね走りの術」と言い、子どもたちと一緒になって保育室内を
　つま先走りする。

⑪「では、今日最後の修行でござる、よいな。修行その５、忍法！ 整列の術」
　「とんとんまるまる、一列に並んで座るでござる」と言い、子どもたちがどこに並ぶと
　よいのかわかるように誘導する。

まとめ【3分】

⑫「今日の修行はここまでででござる。みんないろいろなものに変身できたでござるな」「歩
　き方や走り方もうまくなって、忍者らしくなってきたでござるよ」「教えてほしい忍法
　があれば、知らせるでござるよ」などと子どもたちの動きを認めて、次の機会に期待が
　もてるようにする。

Point

- 表現遊びは保育者がリーダーになり、積極的に動くことが大切です。楽しそうに行う
　と、子どもたちは喜んでまねをしはじめます。
- 子どもたち一人一人の表現を受け止めましょう。たとえば、まったく動こうとしな
　い子どもには「何か考えているカエルでござるな」とか「強い風になるためにパワ
　ーを集めているのでござるか」など、言葉がけを工夫しましょう。

ゲーム

【４歳児】　忍者にんにん

┃ 頭脳系ゲーム ┃

宝探し

ねらい 友達と協力することの大切さやおもしろさに気がつく

準備しておくもの

◆ カード（グループごとにちがう色）　6枚×グループの数　　◆ 見本のカード
◆ 宝物（メダルなど子どもたちが喜ぶもの）　人数分＋予備
◆ 宝箱（宝物を入れる箱）　1つ
　＊ダンボールに黒の画用紙を貼る。ふたが付いていると、より宝箱らしくなる

【カードの作り方】

各カードの表面に1から6までの数字を書き、裏面には参考例のような「なぞなぞ」を書く。カードに書く内容の順番をずらすことで（例参照）、カードのある場所の混雑・混乱を避ける。
（例）

グループ	カードに記入する内容の順番
赤	1→2→3→4→5→6
青	2→3→4→5→1→6
緑	3→4→5→1→2→6
黄	4→5→1→2→3→6
桃	5→1→2→3→4→6

参考例

順番	カードを置く場所	なぞなぞ
1	傘たて	雨の日に使うよ
2	道具箱	みんなの大事な道具がしまってあるよ
3	靴箱	外に行くときもお部屋にいるときにも使うものが置いてあるよ
4	飼育物（おたまじゃくし）	小さい仲間。最近形が変わってきているね
5	図書室	本がたくさん置いてあるところはどこだ
6	ホール（宝物が置いてある場所）	園で一番大きいお部屋はどこだ

＊カードはゲームの前に子どもたちが見つけてしまわないよう、隠すタイミングに気をつける。たとえば、当日の朝に隠したり、子どもがよく使用する場所は、子どもたちに目をつむって50数えてもらい、そのあいだに隠すなどする

✳ 活動の展開例 ┄┄┄┄┄┄┄┄┄┄┄┄┄┄┄┄┄┄┄┄┄┄┄┄┄┄┄┄┄┄

導入【5分】

①「今日、先生はこんなものを用意しました」と言ってカードを見せ、このカードを頼りに宝探しゲームをすることを伝える。

②5～6人のグループに分かれる。

> グループは生活グループなどにして、すぐにゲームをはじめられるようにしましょう。

展開【20分】

ゲームの説明

● グループ色のカードが1から6まであり、順番にそのカードを探す。カードには次のカードがどこにあるかヒントが書かれている。
● カードを見つけたら、グループ全員が集まり問題を読んでみんなで答えを考える。
● どのグループが最初に宝物を手に入れられるか、競争であることを伝える。
● グループ全員で行動すること。
● 見つけたカードは一人1枚持つようにする。
● ルールを守らないと宝物を手に入れることはできない。

③ゲームの説明を聞く。

④「1」～「6」のどのカードを誰が持つか決める。

> カードを持つだけでもグループの一員という自覚が出てきます。（動きの速い子どもがどんどん進めていくことのないように、配慮をしましょう。）

⑤ゲームをはじめる。「1」のカードを各グループに渡す。グループの色を確認する。カードに書かれているヒントを読み、「2」のカードを探しに行く。

> ほかのクラスに迷惑がかからないよう、「大きな声で話していると、ほかのグループに聞かれてしまうからね」など、静かに行動することを確認してからはじめましょう。

⑥順番どおりにグループでカードを見つけ、「6」のカードから宝物を探し当てる。

> ホール入口で、ルールを守って行動できているか確認しましょう。

⑦宝物とカードをもってグループごとにまとまって座り、ホールでクラス全員が揃うのを待つ。

まとめ【5分】

⑧順位を発表する。

⑨それぞれのグループの行動の良かった点を伝える。「みんなで手をつないで探しに行っていたね」「相談するときはみんなで輪になっていたね」など。

⑩子どもたちに感想を聞き、子どもたちの思いを共有したあと、保育室に戻る。

Point

　グループのみんなで協力することが大切です。最後の宝物が隠してある場所は同じですが、カードを隠す場所をグループごとにちがう場所にしたり、見つける順番が重ならないように工夫しましょう。

❋ **年齢別の楽しみ方**

3 歳児　**4** 歳児前半

グループ活動はまだ難しいので、クラス全員で宝探しをします。園内の地図を描いて用意し、宝物がある場所にシールを貼っておきます。園内探検も兼ねながら、宝探しを楽しみます。宝物を星にして、集めた星を模造紙に貼り、天の川にして壁面装飾の作成につなげてもいいですね。

ゲーム

【5歳児】 宝探し

Part 3

指導計画（指導案）の
立て方

指導計画（指導案）について考えよう

　乳幼児期の保育は、環境を通して行うことが基本です。子どもが自ら環境に関わってつくり出される活動を通して目標の達成を図る、つまり必要な経験を得られるようにしていくのです。このことをふまえ、各園においては園生活を包括的に示すものとして、教育課程や全体的な計画を編成します。

　教育課程や全体的な計画にもとづき、具体的な指導計画（「指導案」と呼ばれることも多い）を作成します。指導計画は、長期と短期に分けて考えます。子ども一人一人の心身の発達、興味や関心、季節の変化などをより具体的にとらえて環境を再構成し、必要な経験を継続的に積み重ねることができるからです。

教育課程や全体的な計画

長期の指導計画（年・期・月）

短期の指導計画（週・日・部分）

これらは、つねに計画・実践・省察（せいさつ）・評価・改善を繰りかえします

指導計画（指導案）を考える際には…

 子どもたちはどのような姿か……　　実態

 この活動は何のためにするか……　　ねらい

 子どもはどのように取り組むか …　　予想される子どもの姿

 どのように導入や展開をするか …　　保育者の援助と留意点

　などをひとつずつ考えていきます。この過程にこそ意味があります。子どもの姿を丁寧にとらえ、興味や関心を引き起こすように計画・実践をすれば、子どもが主体的に取り組むことができ、適切な指導につながります。そして、丁寧に作成した計画があるからこそ、それを手がかりに省察ができるのです。この省察をもとに次の保育の計画を作成します。

　計画（Plan）→ 実践（Do）→ 省察（Check）→ 改善（Action）という一連の流れを **PDCAサイクル** といいます。この循環を繰りかえすことで専門性や保育の質が向上すると考えられます。

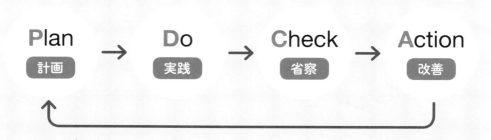

実習生と保育者のちがい

　実習生も保育者も指導計画（指導案）を作成しますが、実習生と保育者には大きなちがいがあります。保育者は「子どもの姿を理解し、それをふまえてねらいを立てる」ということです。

　保育者は毎日子どもたちと生活しながらクラスの姿、一人一人の姿をとらえます。すなわち、何に興味をもち、何を楽しんでいるか、何に困っているか、何が課題なのかなどを把握します。そのうえで、必要な経験を導きだし、ねらいを立てるのです。

子どもの姿の理解
＋
保育者のねらい

では、実習生は？

　限られた期間を子どもたちと過ごす実習生は、保育者のように子どもの姿を理解し、ねらいを立てることは難しいでしょう。にもかかわらず部分実習や一日（全日）実習をするのですから、どうしても「活動」を先に考えることになります。

　では、どうしたら PDCA サイクルが成立するでしょうか。それは、活動から考えたとしても、少しでも子どもたちの姿をとらえてください。そのうえで、子どもたちが興味をもって意欲的に活動に取り組めるように考え、ねらいや援助と留意点につなげてみましょう。

指導計画（指導案）を作成しよう

1 欠かせない3つの重要なステップ

指導計画（指導案）を作成する際には、次の3つが重要なポイントとなります。

Step 1 「子どもの姿」と「ねらい」「活動」「援助と留意点」の関連を考える

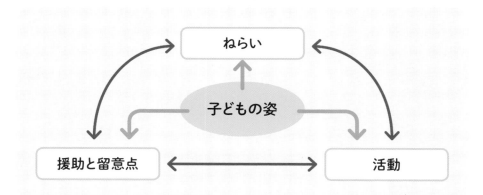

保育は、「子ども理解にはじまり子ども理解に終わる」と言われます。子どもの姿から子ども理解をし、ねらい・活動・援助と留意点との関連性を考えます。

Step 2 子どもの気持ちや動きを丁寧に細かく想像する（導入→展開→まとめ）

たとえば、
「この座り方は話が聞きやすいかな」（導入）
「この説明の方法で興味をもつかしら」（導入）
「この活動の一番楽しいところはどこだろう」（展開）
「鬼ごっこは1回だけではもの足りないかもしれない」（展開）
「活動の最後はどのようにしたらいいかな」（まとめ）
など、細かく子どもの気持ちや動きを想像することが大切です。

Step 3 昨日から今日、今日から明日への流れを考える（保育の連続性）

子どもの生活は昨日から今日、今日から明日へとつながっています。その連続性を考えずに、唐突な単発的な活動をしても、子どもにとって意味のある活動にはなりにくいでしょう。子どもの生活や遊びが日々の保育のなかでつながりのあるものになることが大切です。

2 指導計画（指導案）チェック表

項目をチェックしながら、指導計画（指導案）を書きましょう。また、書き終えたあとはもう一度確認し、修正しましょう。

大項目	チェック	No.	項　目
欠かせない3つのポイント		1	**「子どもの姿」と「ねらい」「活動」「援助と留意点」の関連を考慮したか**
		2	**子どもの気持ちや動きを丁寧に細かく想像したか（導入→展開→まとめ）**
		3	**昨日から今日、今日から明日への流れを考えたか（保育の連続性）**
各項目のポイント		4	「時期」「対象クラス」「活動名」 　　　　　◆具体的に書いたか
		5	「姿」　　　　◆活動に関連する子どもの姿を具体的に書いたか
		6	「ねらい」　◆子どもに育てたい心情・意欲・態度を書いたか 　　　　　◆子どもを主語にしたか
		7	「内容」　　◆ねらいを達成するために子どもが経験することを書いたか 　　　　　◆子どもを主語にしたか
		8	「時間」　　◆はじめと最後だけでなく、内容のまとまりごとに細かく記入したか
		9	「環境構成」◆内容のまとまりごとに図示したか 　　　　　◆必要な物を具体的に書いたか
		10	「援助と留意点」 　　　　　◆一人一人の姿を予想しながら「援助」（保育者の動きや言葉）と「留意点」（意図）を具体的に書いたか
導入・展開・まとめのポイント		11	「導入」　　◆子どもが興味をもち、してみたいという意欲をもつように計画し、具体的に書いたか
		12	「展開」　　◆説明をわかりやすくできるように計画し、具体的に書いたか 　　　　　◆必要な物の準備や子どもの移動など段取りよく展開できるよう計画し、具体的に書いたか
		13	「まとめ」◆子どもが満足感や達成感をもち、明日以降への期待を感じられるように計画し、具体的に書いたか
表記のポイント		14	最後まで丁寧に、見やすく書いたか
		15	「時間」「予想される子どもの動き」「保育者の援助と留意点」は横のラインを揃えて書いたか
		16	大きな内容のまとまりは○、細かいことは・で書いたか
		17	誤字脱字はないか
		18	「〜させる」「〜してもらう」という表記はないか
		19	表記は統一できているか（子ども or 幼児、保育者 or 先生 など）

3 部分実習の指導計画（指導案）と作成にあたってのポイント

○○ 幼稚園　たんぽぽ 組（4歳児）　男児 10 名 女児 10 名	担任　　　　　　　　　先生
20XX 年 10 月○日（○曜日）	実習生　　　　　　　　印

活動名　「ひらひらボール」を作って遊ぶ

<table>
<tr><td>

現在の子どもの姿

〈生活〉
当番活動を喜んで行い、張り切る子どもが多い。

〈遊び〉
遊びに必要な場を自分たちで作りだす様子がある。

〈友達関係〉
・気の合う友達と一緒に遊び、楽しそうな様子がよく見られる。一方、なかなか遊び出せない子どももいる。

〈一斉活動〉
・学級全体でのゲームを楽しんでいるが、新しいことに抵抗を感じる子どもも少数いる。
・製作も喜んで取り組むが、技能や表現はさまざまである。

</td><td>

ねらい
・「ひらひらボール」に興味をもち、作り方を知り、作ってみようとする。
・「ひらひらボール」を繰りかえし投げることを楽しんだり、ちがう投げ方を試したりする。

> 活動を通して子どもに育てたい
> 心情・意欲・態度　Check6

内容
・「ひらひらボール」の作り方を聞き、はじめての材料を使う。
・「ひらひらボール」のいろいろな投げ方をする。
・友達の投げる
　様子を見る。

> 活動に取り組むなかで子ども
> が具体的に経験すること　Check7

</td></tr>
</table>

時　間	環 境 構 成	予想される子どもの活動	保育者の援助と留意点
	> 「時間」「環境構成」「予想される子どもの活動」「保育者の援助と留意点」は、横のラインを意識して書く　Check15		> 援助：具体的な行動／留意点：意図や配慮
10：40	【環境】 【完成図】 【用意するもの】 ・新聞紙25枚 ・セロハンテープは各机に2台ずつ、計8個 ・予備のセロハンテープ2台 ・ビニールテープ5色（赤・青・黄・緑・白）を3cm程度に切りながら粘土板に貼りつける。それを各机に2枚ずつ、計8枚 ・紙テープ3色（赤・青・白）を25cm程度に切り、各30本用意する。それを4つのかごに分け、各机に1つずつ ・予備のセロハンテープ、ビニールテープ、紙テープを用意しておく。	○集まる。 ・グループごとに座る（いすを保育者のほうに向けて座る）。 ・手遊びをする。 ○保育者の話を聞く。 ・作り方の話を聞く。 > Point 1　導入 > 作りたい！ という気持ちになる工夫 > Check11	・保育者の話に集中できるように、いすの向きを変えるように言う。 ・いすの向きが直っているかを確認して、自分たちで気がつくような言葉がけをする。 ・全員が揃うのを待ちながら、集中し、落ち着くような手遊びの展開をする。 ・楽しい物を作って遊ぶことを提案し、新聞紙を広げて見せる。 ・何ができるかを期待や予想をもたせていく。 ・手順①では、大きく広げたところから一気に小さく、楽しさを感じられるように擬音を使いながら見せる。 ・ボール状になったら、今日は「ひらひらボール」を作ることを話す。「ひらひら」という言葉に興味をもてるようにする。 ・手順②では、セロハンテープが切りやすいように、ボールを置いて作業するように言う。説明の際は、子どもが考えられるような問いかけもする。 ・手順③では、もっときれいなボールにするにはどうしたらいいかを問いかけ、ビニールテープを提案する。 ・ビニールテープを見せながら、世界でひとつの自分だけのボールになるよう、自分なりにビニールテープの色や貼り方の工夫をする楽しさが感じられるような言葉をかける。 ・手順④では、最後の仕上げは「ひらひら」だということに気づかせながら紙テープを貼る。

指導計画（指導案）を作成しよう

部分指導計画（指導案）例

	・材料はすべてピアノの側の机に用意し、布をかけておく。		
10:55	【手順】 ①新聞紙を大きく広げたあとに一気に丸め、さらに、小さくにぎる。	・保育者が投げる様子を見る。	・できあがったボールを子どもの前で投げる。様子を見ながら何度か投げて、ひらひらする様子に興味をもてるようにする。
11:00	②セロハンテープを20cm程度に切り、ボールに何か所か貼る。 ③ボール状になったら、さらに、カラービニールテープを貼る。 ④紙テープ数本をセロハンテープで貼る。	・保育者が投げる様子を見る。 ○「ひらひらボール」を作る。 ・当番は各テーブルに材料を配る。 ・作る。	・今日の当番の子どもたちに材料を配るように話す。 ・新聞紙を丸めるところからはじめ、それぞれのペースで次々に進めていいことを話す。 ・困っている子どもの援助をしたり、互いに教え合ったり、助け合ったりできるようにもうながす。 ・全体を回りながら、タイミングを見て名前を書く。 ・予備は少しずつ出す。予備を使い切ったら、今日はそれ以上ないことを話し、明日を楽しみにさせる。保育者が材料を出すことにだけ追われないようにする。
	Point 2　材料の配り方		
	Point 3　名前を書く		・途中で全体に知らせたほうかいいことがあった場合は、一度注目させてから、わかりやすく話す。 ・作り終えた子どもは、保育室内の後ろのほうで投げていいことを話す。その際、作っている友達にあたらないように気をつけることを話す。 ・ほとんど作り終えたら、全員で片づけて園庭に行くように言う（雨天の場合はホール）。
	[園庭] 投げる子ども ●●●● 見る子ども ●●●●●●●●	・片づける。	・まずは思いのまま自由に投げられるようにする。安全に配慮し、危険が生じそうであれば、方向を提案したり、半分ずつ投げるようにする。 ・実習生も一緒に投げながら、遠くまで投げる、上に投げるなどのモデルを示していく。
	Point 4　作り終えた子どもをどうするか		
11:25	[園庭] 保育者 ● ●●●●●●● 子ども できるだけ狭い範囲に集まる	○「ひらひらボール」で遊ぶ。 ・みんなで園庭（雨天の場合はホール）で遊ぶ。	・様子を見て、半分の子どもはまわりに座らせて、友達の様子を見合う機会をつくる。全員で「３、２、１、それ〜」などのかけ声をかけて、はじめる。 ・それぞれの投げ方のちがいに気づけるよう、何人かにはもう一度投げる機会をつくり、互いの刺激とする。 ・最後は全員で投げ、満足感を得られるようにする。
			Point 5　遊び方の工夫。10分は遊べるようにしましょう
11:40		○保育者の話を聞く。	・今日の活動を振りかえり、とくに、ねらいに対しての子どもたちの取り組みを認める。 ・ひらひらボールの片づけ場所（材料を置いた机）を話し、弁当のあとや明日、また遊ぼうと次につなげる。
11:45		Point 6　まとめ　片づけ方	

かならず確認すること

a. 「指導計画チェック表」 ➡ p.137

b. 【環境】、【完成図】（「製作」のとき）、【用意するもの】、【手順】（「製作」や「ゲーム」のとき）

c. Point1〜6（2〜5は「製作」のとき）

d. 提出する場合は押印を忘れずに！

これをまねて指導案を書いてみましょう

4 比べてみよう 修正前・修正後

修正前 部分指導計画（指導案）例

※ Check は p.137 のチェック表の番号

「時期」「対象クラス」「活動名」は具体的に書く **Check4**

「ねらい」は「子どもに育てたい心情・意欲・態度」であり、子どもを主語にする **Check6**

時期 6月	対象クラス すみれ組
活動名 絵本を見る	

子どもの姿
・ブランコをしたがる子どもが多く、けんかになることもある。
・砂場では少しずつ水を使って「おだんご」や「池」を作りはじめている。

活動に関連する子どもの姿を具体的に書く **Check5**

ねらい
・子どもに手遊びをさせる。
・絵本を静かに見る。

内容
・想像力を養わせる。

「内容」は、ねらいを達成するために子どもが経験すること。子どもを主語にする **Check7**

時間	環 境 構 成	予想される子どもの活動	保育者の援助と留意点
10:30	ピアノの前にいすを並べる。	・保育室に集まる。 ・手遊びをする。 ・絵本を見る。	・早く集まるように注意し、集まったら手遊びをしてもらう。 ・はじめての手遊びなので、1回目はよく見させる。 ・手遊びは2回くらいして、最後はテンポを速くして子どもが盛り上がるようにする。 ・絵本の表紙を見せて題名を言い、「はじまり、はじまり！」と言う。その時は子どもに拍手をさせる。 ・絵本ははっきりと大きい声で読む。 ・子どもが途中で何か話してきても、「絵本の途中だから」「シーッ」と注意をする。 ・最後は「おしまい」と言う。はじめと同じように、子どもに拍手をさせる。 ・呼んだ絵本を絵本棚に片づける。

「環境構成」は図示する。必要な物を具体的に書く **Check9**

大きな内容は〇、細かいことを・で書く **Check16**

「時間」は細かく書く **Check8**

誤字脱字に注意する **Check17**

「～させる」「～してもらう」とは書かない **Check18**

「援助」（動きや言葉）だけではなく、「留意点」（意図）も書く **Check10**

部分指導計画（指導案）例

時期　3歳児　6月	対象クラス　すみれ組　在籍20名（男児10名・女児10名）

活動名　新しい手遊び「ひげじいさん」をして、絵本『大きなかぶ』を見る

子どもの姿	ねらい
・入園して2か月が経ち、登園時に泣く子どもは3人前後となっている。登園時に泣いても遊びはじめると笑顔が見られる。 ・クラスで集まるときに落ち着いて座っていられない子どももいたが、15分程度なら手遊びや絵本を一緒に楽しめるようになっている。	・保育者と一緒に新しい手遊びをすることを楽しむ。 ・保育者の読む絵本を喜んで見る。 **内容** ・保育者のする手遊びを見たり、話を聞いたりしながら一緒にしようとする。 ・絵本の繰りかえしの部分を見て、一緒に言葉を言ったり動いたりする。

時間	環境構成	予想される子どもの活動	保育者の援助と留意点
10:30	ピアノ　保育者　子ども	○保育室に集まる。 ・トイレに行く。 ・いすに座る。	・なかなか集まらない子どもがいたら、トイレの様子（困ったり遊んだりしていないかなど）を確認しに行き、楽しいことがはじまると期待をもって集まることができるようにする。 ・早くから集まっている子どもが飽きたり、不安になったりしないように、保育者もできるだけ早くいすに座る。
10:35		○手遊びをする。 ・先生の動きを見たり、言葉を聞いたりしながら一緒に手遊びをする。	・新しい手遊びをすることを話し、期待をもてるようにする。 ・「ゆっくりするから、できる方は一緒にどうぞ」と言い、大きな動きでゆっくりとはじめる。子どもの「一緒にしたい」という気持ちを大切にしながら進める。 ・一緒にしたり、よく見たりしている子どもの動きを認め、2回目はテンポを速くする。最後の部分は「キラキラキラキラ手は……」と間をあけて「頭」「おへそ」などと繰りかえし、楽しい雰囲気をつくる。最後は「ひざ」にして静かな雰囲気にする。
10:40		○絵本を見る。	・絵本の世界に自然に入っていけるように、表紙をゆっくり見せながら題名を言う。 ・絵本を見にくい子どもがいないかどうかを確認し、持つ高さや開き方につねに気をつける。 ・子どもの様子によっては絵を指さしたり、言葉を加えたりする。登場人物が多いページなどは子どもが絵本の世界を十分に味わえるようゆっくりめくる。 ・質問には短い言葉で答え、ほかの発言には軽くうなずく程度にする。 ・繰りかえしの部分は読み方を同じにして、子どもが言葉のリズムを感じられるようにする。かぶを引っぱる場面は言葉に軽く動作も加え、子どもたちがより楽しめるようにする。
10:50			・余韻を感じられるようにゆっくりと絵本を閉じ、「おしまい」と言う。 ・絵本棚に置いておき、いつでも見られることを話す。

指導計画（例）

時期　0歳児　2月	対象クラス　在籍6名（男児3名・女児3名）

活動名　おさかなさん ぺたぺた

<table>
<tr>
<td>

子どもの姿
・園生活に慣れ、保育者との信頼関係が形成されている。
・多くの子どもたちが1歳を迎え、さまざまなことに関心をもちはじめている。
・保育者の援助を得ながら、生活リズムが整う姿も見られる。
・探索遊びが盛んになり、保育者に見守られながら、玩具を用いた遊びを楽しむ。
・好みの玩具を手に持つなど、巧緻性の芽生えが見られる。
・つかむ、つまむ、落とす、倒すなど手指を使った遊びを楽しむ姿が見られる。

</td>
<td>

ねらい
・魚やビニールテープに興味をもち、喜んでつまんだり貼ったりする。
・指先の巧緻性をはぐくむ。

内容
・魚の形をした台紙にビニールテープを貼り、色とりどりの模様の魚を作る。
・絵本『にじいろのさかな』に親しむ。

</td>
</tr>
</table>

時間	環境構成	予想される子どもの活動	保育者の援助と留意点
10:00	テーブルといすを用意する。	○保育者の言葉がけを聞く。 ・保育者のうながしにより、魚の台紙に関心を示す。	・ゆったりと過ごせるような配慮をする。 ・子どもたちの様子を見て遊びが落ち着いたころを見計らい、「○ちゃん、ぺったんしてみる？」と、一人ずつ魚の台紙を見せながら言葉をかける。遊びを楽しんでいるときには無理に誘うことはしない。
10:05	子どもから絵が見える位置に絵本を置く。 **【環境】** 保育者　子ども いすに座ることが難しい場合には、床に座って取り組む。 **【用意するもの】** ・魚の形に切った台紙（厚めの画用紙） 	・絵本の表紙に関心を示す。 ・「おさかな」などと一語文を話す子どももいる。 ・絵本や台紙を指さすなどして関心を示す。 ・保育者の動きを見る。 ・保育者の動きを興味深く見ている。	・他児の遊びの妨げにならないように、用意する位置に配慮する。 ・言葉をかけつつ、歩く子どもには手を引いて、いすをうながし、保育者は隣のいすに着く。 ・テーブルに『にじいろのさかな』の絵本を置き、表紙を見せるなどする。 ・子どもの反応に合わせて言葉をかけるなどする。 ・魚の台紙をテーブルの上に置き、「○ちゃんのお魚さんがいるね」などと言い、関心がもてるよう言葉をかける。 ・魚が泳いでいるように絵本や台紙を動かすなどする。 ・関心をもたない場合には、無理に誘うことはしない。 ・ビニールテープをはがして台紙に貼る様子を子どもに見せる。「ペタ、ペタ」など擬音語などで動作を強調する。 ・「ぺったんしてみようか」など関心を示すような言葉がけをする。

| 10:10 | ・ビニールテープまたは市販の丸いシール（赤、青、黄、緑、青、オレンジなど）
※ビニールテープ（数色）の場合は、短く切ったシールを下敷きに貼るなど作っておく。

・絵本『にじいろのさかな』マーカス・フィスター／作、谷川俊太郎／訳、講談社、1995年
・低いいす
・台またはテーブル
【完成図】
他児が関心をもつように、他児にも見える位置にテーブルを置く。 | ○保育者のうながしにより、シールを貼る。
・シールに手を伸ばし、シールをはがす。
・魚の台紙にシールを貼る。

・何度も繰りかえす。

・ほかの遊びをしていた子どもが近づいてくる。
・すでに作り終えた子どもが再度やりたがる。
・たくさん貼りたい子ども、少しでよい子どもなど、子どもによって取り組みにちがいがある。 | ・子どもが手に取りやすいようにシールを近づけたり、手渡したりする。
・シールがはがれやすいように、配慮する。
・台紙に貼る位置は、子どもの手指の動きに合わせ、思い思いに貼るよううながす。
・子どもの様子に応じて進め、無理強いはしない。
・誤飲のないように見守る。

・一人一人に対応する。繰りかえし楽しむ様子が見られる場合には続け、数枚で関心を示さなくなった場合には無理にすすめないなど配慮する。
・複数の子どもが着席している場合には、一人一人に配慮する。
・ほかの子どもが関心を示す場合には、言葉をかけながら、ともに楽しむ。
・すでに経験した子どもが再度、関心をもつ場合にも受け入れる。
・子どもの関心に合わせて取り組みを見守る。
・ほかの遊びに移れるように、環境に配慮する。 |
| 10:15 | | ○シール貼りを終えて、次の遊びを探す。 | ・子どもがほかのことに関心を示すようであれば活動を終え、スムーズに次の遊びに移れるよう配慮する。 |

❀ バリエーション

紙皿で作る「にじいろのおさかなさん」

①は保育者が作り、②③を子どもが作る。

用意するもの

紙皿、市販の丸いシール（黒、赤、青、黄など数色）、のり、はさみ

①紙皿の一部をはさみで切りとり、魚のしっぽとして、のりで貼りつける。
②黒色のシールを魚の目になるよう貼る。
③子どもに好きな色のシールを貼ってもらい、「にじいろのおさかなさん」のできあがり。

指導計画（例）

時期　1歳児　9月	対象クラス　在籍12名（男児6名・女児6名）

| 活動名　いろどり風船 | |

子どもの姿	ねらい
・歩行が安定し、園庭や室内では探索遊びが盛んである。 ・2歳を迎えた子どもたちも増え、見立て遊びを楽しむ様子も見られる。 ・指先を思うように使いはじめ、スプーンを使って食事をする子どもが増えた。 ・容器から出し入れしたり、ボールを投げたりするなど、遊具を使って遊ぶ様子が見られる。	・紙の形の変化を楽しむ。 ・自分で作ったもので遊ぶ楽しさを味わう。

内容
・さまざまな種類の紙をちぎったり、握ったりする。
・ちぎった紙片を半透明のポリ袋に入れる。
・風船を投げたり取ったりする。

時間	環境構成	予想される子どもの活動	保育者の援助と留意点
10:00	【環境】 敷物	○子どもたちは室内で思い思いの遊びを展開している。 ・保育者の誘いに関心をもつ。	・遊びが一段落した子どもから言葉をかけ、活動をうながす。 ・子どもの様子を見ながら活動に誘う。
10:05	・保育室の中央の床に敷物を置く準備をする。 【用意するもの】 ・色画用紙（1歳児は5cm四方、2歳児は10cm×20cmにカット） ・折り紙 ・新聞紙（1/8にカットしたもの） ・花紙 ・素材を入れるトレー（またはボウル） ・半透明のポリ袋（30cm×30cm） ・ストロー ・テープ	○保育者の話を聞き、やってみようとする。 ・保育者の動作を見ている。 ・自分でもやってみようとする。 ・好きな色を選ぶ。 ・ちぎるのではなく、引っぱって切ろうとする子どももいる。 ・遊びはじめた子どもを見て、ほかの子どもたちも集まってくる。 ・紙をくしゃくしゃに握る子どももいる。 ・「ビリビリー」「クシュー」など言葉遊びも楽しむ。 ・ちぎった紙片を保育者に見せる。	・敷物に座るよううながす。新聞紙または花紙を持って、「この紙をビリビリって破ると、こんなに小さくなるの。ビリビリってやってごらん」と実際に手本を示し、小さくしてみせる。 ・大きさが異なることを示し、「大きかったらもっと小さくしてみてね」と伝える。 ・色は「どの色でもどうぞ」と子どもに選んでもらう。 ・ちぎることが難しい子どもには、手を取り、一緒にちぎってみる。 ・活動に加わってきた子どもたちにも同じように導入する。保育者も子どもと一緒にちぎる。 ・ちぎることが難しい子どもには、「クシュッと握って小さくしてもいいですよ」と別の方法を伝える。 ・誤飲に気をつける。 ・さまざまな種類の紙を用意し、ちぎったり、くしゃくしゃにしたりして、トレーにのせる。 ・子どもが紙片を見せたら「小さくなったね、ビリビリ上手にできたね」などと言葉をかける。

		○異なる素材で楽しむ。 ・保育者の様子を見ながら、ちぎったり握ったりする。	・子どもたちに慣れてきた様子が見られたら、やや硬めの折り紙、色画用紙などをすすめる。
10:15			・トレー（またはボウル）に子どもたちがちぎった紙片を集める。 ・あらかじめカットした紙片をトレー（またはボウル）に加えて量を増やす。
10:20	**【手順】** ①半透明のポリ袋の下方の角をテープで留める。 ②ポリ袋に紙片を入れる。	○ポリ袋に紙片を入れる。 ・保育者の話を聞く。 ・保育者のまねをして、紙をトレーからつかみ取り、ポリ袋に入れる。	・①②半透明のポリ袋を用意し、子どもたちに「ビリビリした紙をこの中に入れてね」と伝える。保育者が入れて見せる。手でつまんで入れたり、両手で入れて見せたりする。 ・ポリ袋は保育者が持って、口を広げる。 ・子どもがつかみやすい方法でポリ袋に入れる様子を見守る。
10:25	③ポリ袋の口を結ぶ。 ④結び口をテープで留める。 ⑤ストローを留める。	○いろどり風船で遊ぶ。 ・保育者の様子を見ている。 ・トレーの紙片をさわって遊ぶ子どももいる。 ・保育者から風船を受け取る。 ・保育者のまねをして、上にふんわり飛ばしてキャッチしたり、「ポンポン」と言いながらタッチしたりして遊ぶ。 ・保育者から持ち手付きの風船を受け取る。 ・保育者のまねをして持ち手を振って遊んだり、風船を持って室内を走ったりする。	・④ポリ袋の半分くらいに紙片が入ったら、ポリ袋の口を結び、結び口をテープで留め、ボール状にする。子どもに「風船ができたね」と伝える。 ・保育者は上方向に「ポンポン」と言いながら飛ばしたり、「ポーン」と子どもに向けて風船を優しく投げて渡すなどして、遊び方を伝える。 ・ほかの保育者は子どもの様子に応じて風船を作る。 ・子どもに向けて風船を飛ばしたり、受け取ったりしてやり取りを楽しむ。 ・⑤風船遊びを楽しんだら、風船にストローをつけて持ち手にする。 ・持ち手を持ち、振って中の色紙が動く様子を見せたり、「ふわふわ飛んでるみたいね」と言いながら風船を動かしたりする。 ・子どもの様子に応じて持ち手をつける。 ・室内を走る子どもの安全を見守りながら、「ふわふわ」「○ちゃん楽しいね」と言葉をかける。
10:30			・遊びが終わったら、敷物を片づける。

指導計画（例）

時期　2歳児　10月	対象クラス　在籍18名（男児9名・女児9名）

活動名　絵本で遊ぼう

子どもの姿	ねらい
・活動が少しずつダイナミックになり、園庭やホールなどで体を動かすことが大好きな子どもたちが多い。 ・音楽に合わせてダンスやリズム遊びを楽しんでいる。 ・イメージをもって、親しみのある動物のまねをしたり、関心をもったりしていることもある。 ・友達と同じ場所にいることを好み、遊ぶ姿をまねたり、ともに笑い合ったりすることが増えている。	・絵本の動物に親しみを感じ、イメージをもって表現することを楽しむ。 ・音楽やリズムに合わせた体の動きを楽しむ。
	内容 ・絵本『できるかな？　あたまからつまさきまで』を見る。 ・音楽やリズムを感じながら動物の表現をする。 ・先生や友達と一緒に体を動かす。

時間	環境構成	予想される子どもの活動	保育者の援助と留意点
10:00	ホール 【環境】 保育者 子ども ・保育者の姿が見えるよう、子どもたちは扇状に座る。 【用意するもの】 ・絵本『できるかな？　あたまからつまさきまで』エリック・カール／作　くどうなおこ／訳　偕成社 ・CD『エリック・カール絵本うた』エリック・カール／原作　工藤直子、もりひさし／訳　新沢としひこ、ほか／作曲　コンセル ・CDデッキ	○ホールに移動する。 ・ホールについたら、元気に走り回る。 ・保育者のまわりに集まってくる。 ○身近な動物の姿をイメージする。 ・犬のまねをする子どもがいる。 ・他児の様子を見ている。 ○絵本を見る。 ・保育者の呼びかけに応えて、ペンギンのまねをする。 ・保育者のまねをする。 ・次々と動物のまねをする。	・クラスの子どもたちと一緒に保育室からホールに移動する。 ・子どもたちがホールの広さを楽しんだあと、「みんな先生の前に集まってね」と言葉をかける。 ・子どもたちが集まったら、保育者のことがよく見えるよう扇状に座るように話す。 ・保育者のそばに来ない子どもには、活動に関心がもてるよう個別に言葉をかける。 ・身近な動物の姿をイメージするように言葉をかける。「ワンちゃんはどんなふうに歩いている？」などと尋ねながら、子どもが表現する動きを受け止めつつ、保育者も四つん這いになるなど子どものイメージを支える。 ・犬や保育者のまねをする子どもに「そんなふうにワンちゃん歩いているよね、上手にできたね」と言葉をかける。 ・子どもたちの様子を受け止めながら、絵本の表紙を見せる。「ほかの動物はどんなふうに動いているのか見てみようね」と伝える。 ・絵本を読む。冒頭の「ぼくはペンギン、あたまをくるんとまわせるよ。きみはできる？」と読んだところで、「みんなもできる？」と尋ねる。 ・保育者も一緒にペンギンのまねをする。「できたね、（できるよ　できる）のところで足踏みしよう」と伝え、その場でやってみせる。 ・「次はどんな動物かな？」と尋ねながら、読み進める。 ・子どもの様子を見ながら、半分くらいまで読み進める。
10:10			

10:20	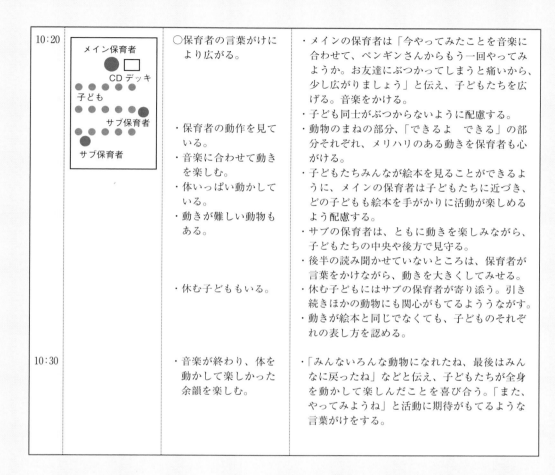	○保育者の言葉がけにより広がる。	・メインの保育者は「今やってみたことを音楽に合わせて、ペンギンさんからもう一回やってみようか。お友達にぶつかってしまうと痛いから、少し広がりましょう」と伝え、子どもたちを広げる。音楽をかける。 ・子ども同士がぶつからないように配慮する。
		・保育者の動作を見ている。 ・音楽に合わせて動きを楽しむ。 ・体いっぱい動かしている。 ・動きが難しい動物もある。	・動物のまねの部分、「できるよ　できる」の部分それぞれ、メリハリのある動きを保育者も心がける。 ・子どもたちみんなが絵本を見ることができるように、メインの保育者は子どもたちに近づき、どの子どもも絵本を手がかりに活動が楽しめるよう配慮する。 ・サブの保育者は、ともに動きを楽しみながら、子どもたちの中央や後方で見守る。 ・後半の読み聞かせていないところは、保育者が言葉をかけながら、動きを大きくしてみせる。
		・休む子どももいる。	・休む子どもにはサブの保育者が寄り添う。引き続きほかの動物にも関心がもてるよううながす。 ・動きが絵本と同じでなくても、子どものそれぞれの表し方を認める。
10:30		・音楽が終わり、体を動かして楽しかった余韻を楽しむ。	・「みんないろんな動物になれたね、最後はみんなに戻ったね」などと伝え、子どもたちが全身を動かして楽しんだことを喜び合う。「また、やってみようね」と活動に期待がもてるような言葉がけをする。

（図中）
メイン保育者
CD デッキ
子ども
サブ保育者
サブ保育者

指導計画（例）

時期　3歳児　2月	対象クラス　在籍20名（男児8名・女児12名）

活動名　フルーツバスケット

子どもの姿	ねらい
・ごっこ遊びなど、役になりきって遊んでいる。それぞれが思いのままに楽しみながらも、一緒に遊んでいる友達と楽しさを共有している様子が見られる。 ・追いかけっこなど簡単なルールのある遊びを保育者や友達と一緒に楽しむようになってきた。 ・クラスでの活動場面では、保育者の話を聞き、はりきって取り組む子どもが多い。しかし、ゲームなどはじめて行う活動では不安からか消極的になり、保育者のそばから離れられない子どももいる。	・「フルーツバスケット」のルールを知り、保育者や友達と楽しむ。
	内容
	・保育者の話や合図を聞き、友達と「フルーツバスケット」をする。

時間	環 境 構 成	予想される子どもの活動	保育者の援助と留意点
10:30	【環境】 ピアノ 保育者 ・子どもたちが排泄などを行っているあいだにいすを丸く並べる。 【用意するもの】 ・目印（腕輪など）果物ごとに5人分くらいずつ ・目印を入れるかご ・いす	○保育室に集まり、自分のいすに座る。 ○保育者の話を聞く。 ・思い思いに好きな果物のことを話す。 ・腕輪に描かれている果物名を言う。 ・腕輪をつける。 ・腕輪に描かれている果物を口々に言う（りんご、バナナ、ブドウ、メロン）。 ・腕輪に描かれた果物を言われたら手をあげる。 ・保育者の言葉を聞きながら動く。	○自分のいすを探して座るようにうながす。 ・先日食べた園庭になっている夏みかんについて、おいしかったこと、ちょっとすっぱかったことを話し、みんなはどんな果物をよく食べるか質問する。 ・子どもの発言をうなずきながら受け止め、腕輪を見せて何の果物か子どもたちと確認していく。 ・この腕輪を使って遊ぶことを伝え、何の果物の腕輪か楽しみにできるようにする。 ・腕輪を1枚ずつ配り、腕につけるように伝える。 ・腕輪に描かれた果物を言ったら手をあげるように伝え、誰が何の果物か確認する。 ・「フルーツバスケット」のルールを段階ごとに実際に行いながら説明する。（ルール①） ・果物ごと順番に行い、ルールを確認していく。

| 【ルール】①腕輪に描かれている果物を言われたら、今座っていたいすとちがういすに座る。②座れなかった子どもは、円の真ん中に立ち、果物を言う。③移動の際、引っぱったり、座っている子どもをどかしたりしない。④「フルーツバスケット」と言ったら、全員が移動する。 | ○フルーツバスケットをする。・すぐに移動して座る子どももいれば、なかなか動けない子どももいる。

○座れなかった子どもは円の真ん中に立ち、果物を言う。 | ・はじめて行うので、最初はゆっくり丁寧に行う。なかなか移動できない子どもには手をつなぎ、空いているいすを一緒に探して座れるようにする。

・子どもたちの様子を見ながらゲームのテンポをあげていく（この時点までは全員が座れる状態である）。そして、保育者も参加することを伝え、座れなかった子どもが円の真ん中に立って果物を言う役になることを伝える。（ルール②③）
・ゲームに参加しながら子どもたちの動きや表情をよく見て、子どもの状態に合った対応をする。座れず泣き出してしまう子どもやなかなか果物を言えない子どもには、子どもの気持ちを十分に受け止めながら対応する。
・慣れてきたところで、ルールを追加する。「フルーツバスケット」と言ったら、全員が移動することを知らせる。（ルール④）

・子どもたちの様子や時間などの状況を見て、あと2回で終わりにすることを伝える。 |
| | ・「もっとやりたい」と言う子どももいる。 | ・2回目が終わったあと、子どもの様子などによってはもう1回行い、おしまいにすることを伝える。 |
| | ○保育者の話を聞く。・「すぐに座れた」「おもしろかった」など思い思いのことを発言する。 | ・子どもたちの思いを受け止めながら、フルーツバスケットの感想を聞く。
・素早く座れた、大きな声で果物を言えた、恥ずかしくなってしまったけれど、ちゃんと果物をみんなに言えた、座れなくて悔しかったけれどがんばったことなど、遊びのなかで見られた子どもの様子を話す。みんなで遊んで楽しかった思いを共有し、「またやろうね」「今度は何の果物かな」などと言い、次回に期待がもてるようにする。 |
| 11:00 ピアノのいすにかごを置く。

[ピアノ]
[かご]
ピアノのいす | ・いすを片づけ、腕輪を所定のかごに戻す。 | ・ピアノのいすの上にかごを置き、いすを片づけて腕輪をかごにしまうよう伝える。混雑を避けるために果物ごとに片づけるようにする。 |

指導計画（例）

時期　4歳児　10月	対象クラス　在籍25名（男児15名・女児10名）

活動名　しっぽ取り

子どもの姿

・気の合う友達を誘い合い、遊びはじめる姿が多く見られる。
・遊びのなかで鬼ごっこ、長縄跳び、固定遊具など、体を動かして遊ぶ子どもが多い。一方、体を動かすことに消極的な子どももいる。
・一斉活動では、保育者の話を聞き、喜んで取り組む子どもが多い。

ねらい

・新しい鬼ごっこのルールを知り、「しっぽ取り」に喜んで参加する。
・友達の動きをよく見てしっぽを取ろうとしたり、自分のしっぽを取られないように動いたりすることを楽しむ。

内容

・保育者の話を聞き、友達と「しっぽ取り」をする。
・友達の動きを見て、追いかけたり逃げたりする。

時間	環　境　構　成	予想される子どもの活動	保育者の援助と留意点
10:30	**【環境】** 保育者の近くに座る。 **【用意するもの】** ・赤いバンダナ 30枚 ・白いバンダナ 30枚 ・かご（20cm × 10cm）4つ 図のように2つずつ組み合わせる。	○保育室に集まる。 ○保育者の話を聞く。 ・園庭で新しい鬼ごっこをすることを聞く。 ・しっぽに興味をもち、反応する子どもがいる。 ・紅白帽子をかぶって園庭に出る。 ○園庭に集まる。	・トイレを済ませるようにうながす。 ・新しい鬼ごっこをすることに期待をもてるように話を進める。 ・「しっぽ取り」という鬼ごっこをすることを楽しい雰囲気のなかで話す。しっぽに期待をもたせながらバンダナを見せ、これをしっぽにすることを話す。 ・簡単にルールを説明し、紅白帽をかぶって園庭に出ることを話す。
10:40		○保育者の話を聞く。 ・しっぽをズボンの後ろにはさむ。 ・細かいルールを聞く。	・子どもたちの前で石灰でラインを引きながら、チームの陣地を説明する。 ・2つずつ組み合わせた一方のかごに、予備のしっぽ（人数の2〜2.5倍程度）を入れ、それぞれの陣地に置く。 ・それぞれ自分の陣地に移動し、ズボンの後ろにしっぽを半分程度をはさむように話す。 ・しっぽが半分程度はさめているか友達同士で確認するようにうながし、必要に応じて援助する。 ・ルールを説明する（「環境構成」欄参照）。 ・おおかた説明したところで、何人かに実際に動いてもらいながら、説明を加える。

10:45	【環境図】	○しっぽ取りをする。	・1回戦は短めに終了し、わかりにくいところを確認する。勝敗もつけないようにする。
	赤チームの子ども	・1回戦（練習）	・はじめの合図は、合図を認識しやすいよう、気持ちが鬼ごっこに向かうように、みんなで声を揃えて「3、2、1スタート」と言う。
	白チームの子ども		・鬼ごっこがはじまったら、しっぽを取られた気持ちに共感しながら、自分の陣地に戻って「予備のしっぽ入れ」のかごにあるしっぽを付け直すことを繰りかえし伝える。
	子どもの前でラインを引く		・動かずに立ち尽くしている子どもには、相手チームの友達の動きに気がつけるよう声をかけ、自分からしっぽを取りに行けるようにする。
	【ルール】		・一人一人の動きをよく見て、機敏に友達のしっぽを取ったり、かわしたりしている様子やその気持ちを言葉にしながら認める。
	①「3、2、1スタート」で陣地から出て相手のしっぽを取る。		・終了の合図で子どもたちに自分の陣地に戻るように言い、「予備のしっぽ入れ」かごが空になったことをわかりやすく示しながら、勝敗を伝える。
	②しっぽを取られたら自分の陣地に戻り、「予備のしっぽ入れ」のかごからしっぽを取って付ける。その後、再び鬼ごっこに参加する。	・2回戦	・2回戦を開始するときは、予備のしっぽをそれぞれのチームの陣地に戻し、開始の準備をする。
	③取ったしっぽは手に持ったまま鬼ごっこを続ける。自分の陣地にある「取ったしっぽ入れ」のかごに入れてもよい。	・3回戦	・天候や時間などの状況にもよるが、3回戦を開始する。 ・再び開始するときは「今度はすぐ取られないようにする」「絶対にしっぽを取る」など、それぞれの目的が明確になるような言葉をかける。
	④相手の陣地に入ってはいけない。		
11:05	⑤どちらかのチームの予備のしっぽがなくなったら、終了の合図をする。 ⑥自分の陣地に戻る。	○保育者の話を聞く。	・チームの勝敗にかかわらず、相手の動きをよく見て動いていた子どもや一生懸命に参加していた子どもを認め、次への意欲につなげる。また、みんなで体を動かした心地よさを感じられるようにする。 ・しっぽのかごはわかりやすい場所に置くようにし、好きな遊びの時間にできることを話す。 ・手洗い、うがい、および水分補給の指示をする。

指導計画（例）

時期 5歳児 9月	対象クラス 在籍31名（男児17名・女児14名）

活動名 「うたえバンバン」を歌う

<table>
<tr><td colspan="2">

子どもの姿
・園生活でのリズムを取り戻し、意欲的に活動に取り組もうとする。
・自分の考えや意見を言いながら遊びを進めようとする姿がある。
・友達と一緒に走ったり踊ったりすることを楽しんでいる。
・口を大きく開けて歌おうとするものの続かない姿が見られる。

</td><td>

ねらい
・「うたえバンバン」に興味をもち、歌うことを楽しむ。
・体を動かしながら友達と歌うことを楽しむ。

内容
・「バンバン」の歌詞に合わせて体の部位をたたく。
・「うたえバンバン」の1番を歌う。

</td></tr>
</table>

時間	環 境 構 成	予想される子どもの活動	保育者の援助と留意点
11:00	**【環境】** ピアノ ● 保育者 ●●●● ●●●●● ●●●● 子ども 2〜3列 **【歌】** うたえバンバン （阪田寛夫 作詞／山本直純 作曲）	○保育室に集まり、座る。 ○保育者の姿を見てまねようとする。 ・歌に合わせて、保育者と同じ部位をたたく。 ・前に出てきた友達のたたく部位を見て、まねをする。 ○保育者が歌う「うたえバンバン」を聴く。 ・どんな歌か興味をもって聞き、歌詞とメロディーを知る。 ・思い浮かんだことを発言する。 ○歌詞を知る。	・「歌に合わせて先生のまねっこできるかな」と、保育者はサビ（♪うた歌え　うた歌え　歌えバンバンバンバンバン）を歌い、「バンバン」の歌詞に合わせて体の部位（膝や肩など）をたたく。 ・保育者はたたく部分を変えながら、サビ部分を何回か歌い、子どもたちが新しい歌に興味をもてるようにする。 ・2〜3人の子どもに前に出てきてもらい、保育者の歌うサビに合わせて「バンバン」の部分で体の好きな部分をたたいてもらう。 ・友達のたたく部位を見てまねする姿を認める。 ・新しい歌を歌うことを話す。 ・歌詞をイメージしながら聴くように伝え、保育者が1番を範唱する（アカペラでも弾き歌いでもよい）。 ・頭に描いたイメージを問い、子どもの発言を受け止める。 ・わかりにくい歌詞の内容を確認する。
11:10			

11:15		○1番を歌う。（1回目） ・覚えた箇所から口ずさむ。	・ゆっくりとメロディーを弾きながら、1番を子どもたちと歌う。 ・どんなふうに歌うとよいかを問い、子どもの発言を受け止め、歌詞と同じように大きく口を開けて歌うよううながす。 ・口を大きく開けて歌う子どもを認める。
		○「バンバン」に合わせて好きな体の部位をたたきながら、1番を歌う。（2回目）	・メロディーを弾きながら、子どもたちと1番を歌う。 ・自分の体や友達の体をたたいて楽しむ姿を取り上げ、まわりに伝える
11:20	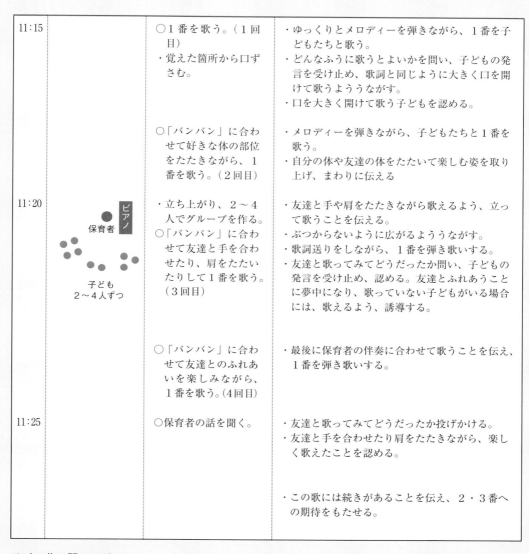	・立ち上がり、2～4人でグループを作る。 ○「バンバン」に合わせて友達と手を合わせたり、肩をたたいたりして1番を歌う。（3回目）	・友達と手や肩をたたきながら歌えるよう、立って歌うことを伝える。 ・ぶつからないように広がるよううながす。 ・歌詞送りをしながら、1番を弾き歌いする。 ・友達と歌ってみてどうだったか問い、子どもの発言を受け止め、認める。友達とふれあうことに夢中になり、歌っていない子どもがいる場合には、歌えるよう、誘導する。
		○「バンバン」に合わせて友達とのふれあいを楽しみながら、1番を歌う。（4回目）	・最後に保育者の伴奏に合わせて歌うことを伝え、1番を弾き歌いする。
11:25		○保育者の話を聞く。	・友達と歌ってみてどうだったか投げかける。 ・友達と手を合わせたり肩をたたきながら、楽しく歌えたことを認める。 ・この歌には続きがあることを伝え、2・3番への期待をもたせる。

サビ：曲の聞かせどころ
範唱：保育者が子どもの見本となるように歌うこと
アカペラ：伴奏なしで歌うこと（素歌ともいう）

指導計画（例）

時期　5歳児　10月	対象クラス　在籍25名（男児13名・女児12名）

活動名　「牛乳パック円盤」を作って遊ぶ

<table>
<tr><td colspan="2">

子どもの姿
・友達と思いを伝え合って遊びを展開したり、ルールを作って遊びを広げようとしたりする。
・作ったもので遊び、楽しむ姿がある。
・はさみを閉じきらずに進め切ることができる。
・牛乳パックなどの固いものやビニールテープなど切りにくいものを切れる子どももいれば、うまく切れない子どももいる。

</td><td>

ねらい
・線の上をはさみで切り落とさないよう切り進め、円盤を作ることを楽しむ。
・作った円盤を友達と飛ばして遊ぶことを楽しむ。

内容
・牛乳パック円盤に興味をもち、作り方を知る。
・はさみで線の上を切り、円盤を作る。
・円盤の端をビニールテープで留め、よく飛ぶようにする。
・作った円盤を友達と飛ばして遊ぶ。
・どこまで飛ばせるか友達と競争して遊ぶ。

</td></tr>
</table>

時間	環 境 構 成	予想される子どもの活動	保育者の援助と留意点
10:30	**【室内図】** 5人ずつ座る 机　6台 いす　25脚 **【机図（保育者用）】** OPPテープ　予備の牛乳パック 箱にビニールテープ5色、油性マーカー1本、牛乳パックのセット×5 **【用意するもの】** ・牛乳パック（1L） ・はさみ、ビニールテープ、包装用透明テープ（OPPテープ）、油性マーカー、箱	○保育室に集まる。 ○保育者の話を聞く。 ・飛ばして遊ぶものであることを知り、作ることに期待をもつ。 ○見本を見ながら話を聞き、作り方がわかる。 ○「牛乳パック円盤」を作る。 ・材料をグループごとに取りに行く。 ・牛乳パックを取り、線の上をはさみで切る。 ・保育者のところに切り終わった牛乳パックをもってくる。	・できあがった円盤を子どもたちに見せ、どうやって遊ぶものか投げかけて興味をもたせる。 ・子どもの発言を受け止め、頭にのせたり、腕にはめたりして見せる。 ・円盤を飛ばして見せる。 ・見本を見せながら作り方を伝える。 ①牛乳パックに書かれた線の上をはさみで切る。 ②反りかえるように円にして、残してある飲み口を中に入れ込み、OPPテープで留める。 ③よく飛ぶように羽の先をビニールテープで巻く。 ・材料（ビニールテープ5色〈赤、青、緑、紫、黄色〉、油性ペン1本、牛乳パック5本）の入った箱を各グループの机の上に置く。 ・線を過ぎて切り落とさないように言葉をかける。 ・切り終わった牛乳パックを反りかえるよう円にし、OPPテープで留めるところを一緒に行う。
10:40			

| 11:00 | 【手順】
①牛乳パックを開き、底を切り、飲み口は一面だけ残して切る。半分に折り、つぎ目のところまで八等分に切れ込み線を書いておく。（①は事前に準備しておく）
②牛乳パックに書かれた線の上をはさみで切る。

③反り返るように円にして、残してある飲み口を中に入れ込み、OPPテープで止める。

④よく飛ぶように羽の先をビニールテープで巻く。

【ホール図】
子ども
●●●●●●
ビニールテープ黒
ビニールテープ黄
ビニールテープ青
ビニールテープ赤 | ・席に戻り、OPPテープで留めた円盤の羽の先を好きな色のビニールテープで巻く。
・油性マーカーで名前、マークを書く。

○円盤を飛ばして遊ぶ。
・できあがった円盤を持ち、ホールへ移動する。

・友達の姿を見て、どうやって飛ばすとよく飛ぶかわかり、飛ばそうとする。
○円盤を何色の線まで飛ばせるか、保育者や友達と競争する。
・保育者の前に集まる。
・保育者が何色の線まで飛ばせるか予想する。
・円盤を繰りかえし飛ばして遊ぶ。 | ・ビニールテープを切ることが難しい子どもには保育者がビニールテープを引っぱって伸ばし、切りやすいようにする。
・自分のものとわかるよう名前を書くよう伝える。名前を書けない子どもには自分のものとわかるマークを書くよう伝える。

・広い場所（ホール）に円盤を持っていき、飛ばして遊ぶことを伝える。
・友達に円盤がぶつからないように、まわりを見て飛ばすことを伝える。
・上に向かって腕を伸ばすとよく飛ぶことを見せる。
・うまく飛ばせない子どもには手を取って投げ方を伝え、良いところを認め、繰りかえし挑戦するなかでコツがつかめるようにする。
・飛ばし方の上手な子どもの姿を認め、どのように飛ばすとうまく飛ぶか、他児が気づくようにする。

・黒の線の上に立ち、何色の線まで飛ばせるか子どもたちに投げかけ、飛ばして見せる。
・思い思いの楽しみ方ができるよう子どもの姿を認めながら一緒に遊ぶ。
・黒の線の上に戻るときには端を通り、飛んでくる円盤にぶつからないように言葉をかける。 |
| 11:30 | ・子どもが円盤を投げる線を黒ビニールテープで引く。
・3色のビニールテープをあいだを空けて引いておく。 | ○保育者の前に集まり、話を聞く。 | ・今日の活動を振りかえり、ねらいに対しての子どもたちの取り組みを認める。
・箱に片づけるよう伝えるとともに、自由遊びで箱から出して遊べることを知らせる。 |

Part 4

すきま遊びのアイディアと
援助のポイント

すきま遊びについて

すきま遊びとは

　保育のなかでは、活動と活動の合間にちょっとした時間が生まれることがよくあります。たとえば降園前、昼食前、片づけやトイレに行った友達を待っているときなど、次の活動に移るまでの10分から15分くらいの時間です。その時間を楽しい遊びの時間として有効に使うか、ただ時間がたつのを待つかでは、子どもたちの経験にちがいが生まれることになります。

　Part 4 では、ちょっとした時間を子どもたちと楽しく過ごすためのアイディアをまとめました。手遊び、言葉遊び、見立て遊び、はてな BOX など、短い時間で楽しめるものばかりです。これらを「すきま遊び」と呼ぶことにしましょう。

すきま遊びもねらいをもって

　すきま遊びを保育者がねらいをもって設定するとき、1 回の時間は短くても、その短い時間を積み重ねると、大きな学びへとつながります。

　たとえば、「しりとり」「あたまとり（例：アのつく言葉を集めるなど。p.162 参照）」や「仲間あつめ（例：赤いものあつめ、四角いものあつめなど。p.162 参照）」などの言葉遊びでは、遊びのなかでさまざまな言葉に出合い、子どもたちは語彙を増やし、言葉に対する感性を磨きます。

援助のポイント

　年長クラスでの「しりとり」を考えてみましょう。1 回で全員に回るようにすると時間がかかり、子どもが飽きてしまう場合があります。このような遊びは、1 回で 30 分よりも、1 回 10 分を 3 回に分けて行うほうがより効果的です。今日は○グループ、明日は△グループなど担当するグループも分けておくと、次にあたるグループは意欲をもって準備し、ほかの子どもたちも次回を楽しみに待つでしょう。

　手遊びは、手指の巧緻性を高めるとともに音楽的能力を伸長させ、見立て遊びは、子どものイメージや創造性を引き出すことができます。これらは応答性のある遊びが多いので、相互のやり取りを通して保育者と子ども、子ども同士のコミュニケーション能力も高めます。保育者がこのような教育的な役割を把握しておくことは大事ですが、実践のなかではあくまでも楽しい遊びになるよう心がけます。

　すきま遊びを充実させると、生活のリズムが整いやすくなります。たとえば、30 人の子どもが集まる場合、どうしても時間差が生じます。その時間を有効に使うと、すでに集まっている子どもは楽しく待つことができ、まだ集まってこない子どもたちも、その楽しさにひかれて急いで来るようになります。すきま遊びは子どもたちにとっての、ちょっとしたお楽しみなのです。そして、簡単に、すぐはじめられます。

　保育のなかにすきま遊びを、意図的、計画的、継続的に取り入れましょう。

短い時間を積み重ねると、大きな学びに

1回30分より、
1回10分を3回のほうが!!

楽しいことが待ってると、子どもの行動が早くなる

早く集まった
子たちで
見立て遊びを
はじめます。

前に出て発言する特別感

ペープサート

変身いとまき

3 歳児

【作り方】

①画用紙を半分に折り、左右にそれぞれ絵を描く。

②裏に割り箸をセロハンテープで止めて挟み、のりを付けてできあがり。

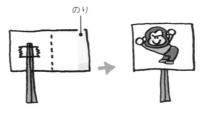

【遊び方】

①「えーん、えーん、ズボンに穴が開いちゃったよ」とズボンの破けたゴリラのペープサートを見せる。

②「あら、大変。みんなで直してあげましょう」と、「いとまき」の手遊びをする。

③ペープサートを裏返して、「みんなのおかげでなおったよ」と、ズボンが直ったゴリラを見せる。

> **Ver. 変化のあるものを作って遊ぶ**
>
> 寒がるキリン⇒マフラーを巻いたキリン
> 風邪をひいたネズミ⇒マスクをしたネズミ
> 帽子をなくしたネコ⇒帽子をかぶったネコ

Point 動物が話しているときはペープサートを大きく動かしたり小刻みに動かすなど、変化をつけましょう。

「いとまき」 作詞：不詳　デンマーク民謡

くるくるアニメ

3 歳児　**4** 歳児　**5** 歳児

準備するもの

- ◆ 画用紙
  （7cm × 28cm）1枚
- ◆ 画用紙
  （6cm × 6cm）2枚
- ◆ 割り箸　1膳
- ◆ はさみ
- ◆ セロハンテープ
- ◆ マーカーペン

【作り方】

① 画用紙（7cm × 28cm）を
  じゃばら折りにする。

② 図のように窓を作る。

③ 図のように割り箸を付ける。

④ 窓が外側になるように折り、
  両端をセロハンテープで止
  める。

⑤ 画用紙（6cm × 6cm）に
  2種類の絵（例：鳥と鳥かご）
  を描き、差し込む。

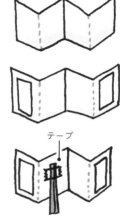

テープ

【遊び方】

① 鳥と鳥かごの絵をⒶに差し込む。「鳥を鳥か
  ごに入れるね」とくるくる回すと、目の錯覚
  で鳥かごに入ったように見える。

② いろいろな動物や、動きのちがう絵を描いて
  Ⓐに差し込み、動いているように見せて遊ぶ。

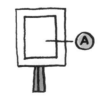

Point 自由遊びのときに作れるよう設定すると、興
味をもった子どもたちから作りはじめます。

言葉遊び

あたまとり
（頭文字あつめ）

3 歳児　**4** 歳児　**5** 歳児

①「あめ、あり、あいす、あじさいは、同じところにあがあるよ。どこかな?」と問いかけ、最初にあがつく言葉であることを知らせる。

②ほかにもあのつく言葉があるか、子どもたちと探して遊ぶ。

③ホワイトボードやレシートのようなロール紙に出てきた言葉を書いていく。年齢が低いときは文字の横に絵を描くとよい。

準備するもの
◆ ホワイトボード、または
　レシートのようなロール紙

Point　ほかの言葉でも同じように探し、書き出した紙を壁に貼りましょう。どの文字の言葉が多いか長さでわかりますね。

仲間あつめ
（グループあつめ）

4 歳児　**5** 歳児

準備するもの
◆ ホワイトボード、または
　レシートのようなロール紙

①「動物って何がいるかな?」と問いかけ、子どもたちから出てきた言葉を書き出す。出てきた言葉は「動物」という仲間（グループ）であることを伝える。

②ほかにも「食べもの」や「乗りもの」など、同じ仲間の言葉を探して遊ぶ。

③慣れてきたら「食べもの」の仲間を「お菓子」「野菜」「果物」など、細かいグループにするとよい。

Point　探しているグループに当てはまらない言葉が出てきたら、何のグループに当てはまるか子どもたちと考えましょう。

大きいもの 小さいもの

5 歳児

◆ ホワイトボード

①「部屋のなかにある小さいものは何があるかな?」と子どもたちと探します。(例:ビー玉、おはじき、消しゴムなど)

②見つけたもののなかで一番小さいものからだんだん大きなものになるよう、書き出す。

③だんだん大きくなるものを楽しんだあとは、だんだん小さくなるものを楽しむ。

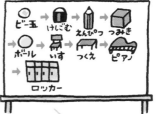

だんだん大きくなってる

ロッカーより大きいのは?

Point 身近な題材で行うとよいでしょう。また、出てきたものを体で表現しても楽しめます。

まねっこ遊び

3 歳児　**4** 歳児　**5** 歳児

①お題を出す。
　保育者「○ぐみさーん」(クラスの名前)
　子ども「なんですか?」
　保育者「こんなこと、こんなこと(たとえば、回りながら手拍子をする)できますか?」
　子ども「こんなこと、こんなこと(保育者の動作のまね)できますよ!!」

②お題に合わせて、ポーズをしたり体を動かしたりする。

呼びかけの例

○月生まれさん、○グループさん(生活グループなど)

お題の例

● 頭やおしりなど体のどこかをさわったり、たたいたり振ったりする。
● サルやゴリラなど、動物の特徴的な動きをまねする。
● 前後や左右にジャンプする。

こんなこと こんなこと できますか

こんなこと こんなこと できますよ

Point お題をだんだん難しくして難易度を上げると、どんどん盛り上がります。変顔などもおもしろいですね。呼びかけを変えていくと、ほどよい緊張感をもちながら楽しめます。

すきま遊び

言葉遊び・まねっこ遊び

連想ゲーム

【なぞなぞバージョン】

①子どもたちに「なぞなぞ」を出す。

②子どもたちが自由にイメージしたものを答える。

③子どもたちの答えが問題と合っていれば正解。

準備するもの

◆ 画用紙　◆ ペン

白いふわふわしている もの　なーんだ

なぞなぞの例
「白くてふわふわしているものなーんだ」
答え：雪・雲・うさぎ・パン・タオルなど
「夜になると出てくるものなーんだ」
答え：星・月・おばけなど

Point　答えはひとつでなくて OK。子どもが自由にイメージして出した答えは正解にしましょう。

【連想バージョン】

①連想ゲームをすることを伝える。連想とは、言葉を聞いて思い浮かべた言葉をつなげていくことであると説明する。たとえば、「アイス」といえば「冷たい」、「冷たい」といえば「こおり」と具体例をあげていく。

②保育者対子どもで行い、子どもから出てきた言葉をひとつ取り上げて、つなげていく。その際、画用紙にも記入していく。

③時間などで切り上げる。

アイス
↓
つめたい
↓
こおり

Point　テンポよく進めていくことが大切です。子どもの意見を取り上げる際、どれにしようか悩みすぎないようにしましょう。出てきた言葉を画用紙に書いておくと、次回は続きからはじめることができます。

くねくねなーに？

3歳児　**4**歳児　**5**歳児

①保育者がスケッチブックにクレヨンで線を描く。

②指名した子どもがストップと言ったところで線を描くことをやめる。

③線のはじまりと終わりをつなげて、できた形から見立て遊びをする。

④スケッチブックを縦横に回して何に見えるか、子どもの発見から絵を書き足して遊ぶ。

「ここはとがっているね（丸まっているね）」など、できあがった形の特徴を子どもたちに伝えます。保育者のヒントをきっかけにイメージが広がります。

準備するもの

◆ スケッチブック
◆ クレヨン

ゾウ

↓回転

ラッコ

何に見えるかな
ゾウ
じょうろ

ちぎってなーに？

3歳児　**4**歳児　**5**歳児

①新聞紙をクシャクシャに丸める。

②❶を広げて一部をつかんで開いたら、ちぎる。

③ちぎった新聞紙を広げて、何に見えるか見立て遊びをする。

④新聞紙を縦横に回して、何に見えるか探して遊ぶ。

よくクシャクシャにすることが大事です。そうするとシワができ、ちぎったときに形が四角になりにくく、おもしろい形になります。

準備するもの

◆ 新聞紙1ページを横半分に切ったもの

クシャクシャ

何に見えるかな
バナナの皮みたい
UFO？ぼうしにも見える

はてな BOX

準備するもの

◆ 各辺が 20cm 以上の
　立方体の箱
◆ 画用紙
◆ カッター
◆ のりまたは接着剤

【はてな BOX の作り方】
①箱の一面に手が入るくらいの
　穴をカッターで切り抜く。
②ふたが開けられるようにする。
③画用紙などで装飾する。

穴

• はてな BOX を使った遊び •

○△□マグネット　**3** 歳児　**4** 歳児　**5** 歳児

準備するもの

◆ ホワイトボード
◆ ○△□に切った
　マグネットシート
　各4枚

①はてな BOX に○△□に切ったマグネットシートを入れる。

②はてな BOX から○△□を2〜3枚ランダムに取り出す。

③組み合わせて何に見えるか、見立て遊びを楽しむ。

〈例〉

ゆきだるま

くるま

アイス

キャンディ

中身はな〜に？　**4** 歳児　**5** 歳児

準備するもの

◆ はてな BOX に入るもの
　（さまざまな感触のもの、
　身近なもの、音の鳴るもの）

①はてな BOX に、何かひとつ入れる。

②子どもがはてな BOX に手を入れ、物をさわって何かを当てる。

③音の鳴るものは、箱を振って何かを当てる。

食べ物グループ これどこかな？　**5**歳児

準備するもの

◆ 赤・黄・緑色の画用紙　各1枚

赤色 力が出る 元気が出る	黄色 体・血を つくる	緑色 病気に ならない

◆ 食べ物の絵を描いた
　カード
◆ 子どもが描くための
　白い画用紙

① はてな BOX に食べ物の絵を描いたカードを入れる。

② はてな BOX からカードを1枚引き、赤・黄・緑のどの食べ物グループになるか、クイズにして遊ぶ。

③ 正解を発表して、画用紙に貼りつける。

Point　自由遊びに、気になる食べ物を画用紙に描いてはてな BOX に入れられるようにしましょう。子どもが次回を楽しみにします。

はてな BOX のその他の遊び方

　しりとりやあたまとり（頭文字あつめ）、伝言ゲームなど、やったことのある遊びを書いたカードをはてな BOX に入れておく。すきまの時間ができたとき、カードを引き、その遊びをする。何の遊びが出てくるかワクワクするので、楽しく活動がはじめられる。

　その他、シルエットを描いたカードを入れておき、出てきたシルエットから何を描いたものか当てるなど。

まちがい探し

3 歳児 4 歳児 5 歳児

【カードバージョン】

①1枚のカードを子どもたちに見せ、ゆっくり5つ数えたら裏にする。

②最初の絵と次の絵で違うところを子どもたちに見つけてもらう。

③カードの裏表をゆっくり見せて、答えを確認する。

> **カードの例**
> 表：赤いリンゴ
> 裏：青いリンゴ
>
> 表：チューリップにちょうちょうがとまっている
> 裏：チューリップにハチがとまっている
>
> 表：お皿の右にナイフ、左にフォーク
> 裏：お皿の右にフォーク、左にナイフ
> ＊お皿の上にはハンバーグ

準備するもの

【カードバージョン】
◆ 類似の絵が裏表に描かれているカード
  8〜10枚
【絵バージョン】
◆ ちがうところがある2枚1組の絵
  4〜5組

【絵バージョン】

①最初の絵と次の絵でちがうところを複数にして、数枚作る。

②1枚目を見せ、紙芝居をめくるように次の絵を見せる。

③答え合わせのときは、2枚の絵を並べて確認する。

> **絵の例**
> 1枚目：海にクジラと船、カモメそして太陽の絵
> 2枚目：1枚目と同じ構図だが、クジラは潮を吹いている。船の色を変え、煙突から煙、カモメの数を減らす

【人バージョン】

①保育者が子どもたちの前に立つ。

②子どもたちたちに目をつぶってもらい、後ろを向いて変身する。

③「もういいよ」の合図で目を開けてもらい、変身したところを当ててもらう。

> **人の例**
> ・メガネをかける（はずす）
> ・時計をはずす（つける）
> ・名前のバッジの色を変える
> ・上履きを逆にはく
>
> その場でパッとできるものにしましょう。
> はずしたものは見えないようにしましょう。

手遊びうた

おはなしや絵本の前に
ろうそくポン！

2 歳児　**5** 歳児

おはなしや絵本をはじめる前に「静かにして！」と言う代わりに、この手遊びからはじめてみましょう。「これからおはなしはじまるよ」など歌詞を替えても、わくわくと楽しい気持ちになりますね。1番はおはなしの前、2番はおはなしのあとによく使われます。

【遊び方】

① ♪ ろうそくポン！

握った右手から「ポン！」に合わせて人差し指を立てる。

② もひとつポン！

もひとつポン！

同様に「ポン！」で左手の人差し指を立てる。

③ これからはじまる おはなしかい

両手を同時に左右に振る。

④ ろうそくフー！

右手の人差し指に息を吹きかけ、人差し指をしまいながら手を背中の後ろへ。

⑤ もひとつフー！

左手の人差し指に息を吹きかけ、人差し指をしまいながら手を背中の後ろへ。

⑥ そらにはキラキラ おほしさま

両手をひらひらと揺らしながら上から下へ動かし、手を膝へ置く。

「ろうそくポン」 作詞・作曲／不詳

1.ろう　そく　ポン！　　もひとつポン！　　これからはじまる　おはなしかい
2.ろう　そく　フー！　　もひとつフー！　　そらにはキラキラ　おほしさま

Point

鏡に映った動作になるように
子どもたちに見せるとき、「右手」とあったら、保育者は向かい合って「左手」を出すとわかりやすいですね。

Ver. 行事でも
「おはなしかい」の部分を「誕生会」や「クリスマス」などに変えると、いろいろな行事で使えます。

ど〜こだ！ の手遊び
ぼうがいっぽん

2歳児 — **5**歳児

○○には時計や黒板など教室にあるものや友達の名前など、いろいろなものを入れて遊びます。はじめはすぐ目につく簡単なものから、だんだんと難しくなるようにするとよいでしょう。また、「○○はどこだ」の前に、少しためを作るとわくわく感が高まります。

【遊び方】

① ♪ ぼうがいっぽん　② ぼうがいっぽん　③ ぼうがにほんで　④ トントントン

握った右手から人差し指を立てる。／左手も人差し指を立てる。／2本の人差し指をそろえる。／人差し指を交互に3回重ねる。

⑤ うえをむいて　⑥ したをむいて　⑦ ○○はどこだ　⑧ ビューン！

指と顔を上に向ける。／指と顔を下に向ける。／言われたものを探す。／言われたものを指さす。

「ぼうがいっぽん」 作詞・作曲／不詳

ぼう が いっ ぽん　ぼう が いっ ぽん　ぼう が にほんで　トン トン トン

う え を むいて　し た を むいて　○○○ は ど こ だ　ビューン！

Point

低年齢児には

ものの名前を入れて語彙を増やしましょう。友達の目に指が入ることがないよう安全面に配慮します。

数に興味のある5、6歳児には

1番を歌ったあと、「ぼうが2ほん、ぼうが2ほん、ぼうが4ほんでトントントン」「ぼうが3ぼん、ぼうが3ぼん、ぼうが6ほんでトントントン」と、簡単な足し算を取り入れて数への興味を引き出しましょう。

サイレント・シンギングを楽しもう
あんぱんしょくぱん

3 歳児　**5** 歳児

【遊び方】

① ♪ あんぱん

両手をグーにして
ほほに当てる。

② しょくぱん

人差し指と親指で
ほほをはさむ。

③ あんぱん
しょくぱん

①と②を繰り
かえす。

④ クリームパン× 2

 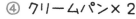

| クリーム | パン |

両手をグーにし　　手拍子
てぐるぐる。

⑤ サンドイッチ

両手でほほをは
さむ。

⑥ ドーナツ

両手で頭の上に丸
を作る。

⑦ サンドイッチ
ドーナツ

⑤と⑥を繰り
かえす。

⑧ クロワッサン× 2

両手でねじる動作をする。

「あんぱんしょくぱん」 作詞／不詳　フランス民謡

あん ぱん しょく ぱん　あん ぱん しょく ぱん　クリー ム パン　クリー ム パン

サンド イッチ ドー ナツ　サンド イッチ ドー ナツ　ク ロ ワッ サン　ク ロ ワッ サン

Point

サイレント・シンギングに挑戦！
「もぐもぐもぐ、○○パンを食べちゃ
いました。○○パンのところは歌わな
いでやってみましょう」と、○○パン
では声を出さずに動作だけします。そ
して、「次は何のパンを食べようか
な？」と歌わない部分を徐々に増やし
ていくと、ゲームのように楽しめます。
声を出さずに心の中で歌うことを「サ
イレント・シンギング」といい、音楽
的能力の育成につながります。

Ver. 歌詞がイメージできるような視覚的
な教材（例：パネルシアター）があ
ると、より楽しめます。

参考文献

小川博久『保育援助論』生活ジャーナル、2000年

河邉貴子『遊びを中心とした保育』萌文書林、2012年

厚生労働省『保育所保育指針解説　平成30年3月』フレーベル館、2018年

戸田雅美『保育をデザインする──保育における「計画」を考える』フレーベル館、2004年

内閣府・文部科学省・厚生労働省『幼保連携型認定こども園教育・保育要領解説　平成30年3月』フレーベル館、2018年

文部科学省『幼稚園教育要領解説　平成30年3月』フレーベル館、2018年

０・１・２歳児

阿部直美『保育で役立つ！　０〜５歳児の手あそび・うたあそび』ナツメ社、2016年

内山伊知郎監修、児玉珠美・上野萌子編著『０・１・２歳児の子育てと保育に活かすマザリーズの理論と実践』北大路書房、2015年

松本峰雄監修、池田りな・才郷眞弓・土屋由・堀科『乳児保育 演習ブック　第2版』ミネルヴァ書房、2019年

村田夕紀『０・１・２歳児の造形あそび実践ライブ』ひかりのくに、2012年

音楽

井口太編著『最新・幼児の音楽教育──幼児教育教員・保育士養成のための音楽的表現の指導』朝日出版社、2018年

ドロシー・T. マクドナルド ＆ ジェーン・M. サイモンズ　神原雅之・難波正明・里村生英・渡邊均・吉永早苗（共訳）『音楽的成長と発達──誕生から6歳まで』渓水社、1999年

細田淳子「子どもの声域と歌唱教材」『初等音楽教育』第2号、日本初等音楽教育学会、1994年、pp. 37-39

細田淳子『わくわく音遊びでかんたん発表会』すずき出版、2006年

吉富功修・三村真弓編著『幼児の音楽教育法』ふくろう出版、2015年

絵本

片岡輝・今井和子・佐々木由美子編著『保育者のための児童文化』大学図書出版、2009年

川勝泰介・浅岡靖央・生駒幸子編著『ことばと表現力を育む児童文化』萌文書林、2013年

川原佐公編著『3歳児マニュアル──保育者と母親のための共に育てる共育書』ひかりのくに、1997年

川原佐公編著『４歳児マニュアル──保育者と母親のための共に育てる共育書』ひかりのくに、1998年

近藤幹生・寳川雅子・源証香・小谷宜路・瀧口優『実践につなぐことばと保育』ひとなる書房、2011年

製作

阿部恵・鈴木みゆき編著『教育・保育実習安心ガイド』ひかりのくに、2002年

井戸ゆかり編著『保育の心理学Ⅰ』萌文書林、2012年

小櫃智子・守巧・佐藤恵・小山朝子『幼稚園・保育所実習 パーフェクトガイド』わかば社、2013年

河原紀子監修、港区保育を学ぶ会『０歳～６歳 子どもの発達と保育の本』学研プラス、2011年

竹井史『作品展・親子イベントのイメージが膨らむ！　製作遊び百科』ひかりのくに、2006年

富山典子・岩本克子『保育に役立つ 絵画あそび技法百科』ひかりのくに、2001年

東山明編著『表現活動を豊かにする 絵画・製作・造形あそび指導百科』ひかりのくに、2005年

槇英子『保育をひらく造形表現』萌文書林、2008年

無藤隆監修、倉持清美編者代表『事例で学ぶ保育内容〈領域〉健康』萌文書林、2007年

運動

石井美晴・菊池秀範編著『保育の中の運動遊び』萌文書林、2014年

杉原隆・河邉貴子編著『幼児期における運動発達と運動遊びの指導』ミネルヴァ書房、2014年

日本発育発達学会編『幼児期運動指針　実践ガイド』杏林書院、2014年

ゲーム

阿部恵編著『出し物たっぷりネタ帳』ひかりのくに　2016年

KKBOX HP「しゅりけんにんじゃ」歌詞（2020年7月27日閲覧）
　https://www.kkbox.com/jp/ja/song/UkPfb105bKH2PEXN2PEXN0PL-index.html

田澤里喜編著『年齢別保育資料　3歳児のあそび』ひかりのくに、2019年

田澤里喜編著『年齢別保育資料　4歳児のあそび』ひかりのくに、2019年

田澤里喜編著『年齢別保育資料　5歳児のあそび』ひかりのくに、2019年

編著者

西海聡子（にしかい・さとこ）

東京家政大学・東京家政大学短期大学部、教授。主な著書に『かんたんメソッド コードで弾きうたい』（共著、カワイ出版）、『アイディアいっぱい 保育者のための音楽表現』（共著、大学図書出版）、『新 保育者・小学校教員のためのわかりやすい音楽表現入門』（共編著、北大路書房）、『音楽教育研究ハンドブック』（共著、音楽之友社）など。専門は幼児音楽。豊かな表現力と実践力のある保育者が育つことを願い保育者養成に携わっている。子育て支援における親子の音楽遊びの実践なども行っている。

著者　五十音順

榎本眞実（えのもと・まみ）

東京家政大学・東京家政大学短期大学部、准教授。主な著書に『演習 保育内容「人間関係」——基礎的事項の理解と指導法』（共編著、建帛社）、『教育・保育実習のデザイン——実感を伴う実習の学び【第2版】』（共著、萌文書林）など。保育の遊び場面における保育者の援助や、学生の幼稚園教育実習における学びに着目し、研究を続けている。

大井美緒（おおい・みお）

星美学園短期大学准教授。主な著書に『環境の指導法（保育・幼児教育シリーズ）』（共著、玉川大学出版部）など。幼稚園教育実習における「実習日誌」や「指導計画（指導案）」における指導法について、指導側と学生側、それぞれの観点を取り上げながら研究を行っている。

原 加奈（はら・かな）

元幼稚園主任教諭。幼稚園教育現場の経験を生かして、児童館や子育て支援センターにて親子遊び講座を行うユニット「うちくろ」を結成。親子でのふれあい遊びやパネルシアターなどの活動を行う。現在は絵本読み聞かせサークル「とまとまと」に所属し、幼稚園にて絵本の読み聞かせなども行っている。

堀 科（ほり・しな）

東京家政大学・東京家政大学短期大学部、准教授。主な著書に『乳児保育 演習ブック』（共著、ミネルヴァ書房）、『乳児保育の理論と実践』（共著、光生館）、『乳児保育の理解と展開』（共著、同文書院）など。NPO法人リンクスマイル理事。乳児期・幼児期前期の遊びや保育環境の重要性、またこの時期の親子関係の育ちと子育て支援の方法に関心がある。

※執筆担当は目次に記載

ブックデザイン	荒川浩美（ことのはデザイン）
イラスト	aque（あくざわ めぐみ）
楽譜浄書	田代真紀子（東京家政大学 教学助手）

遊びが広がる
保育内容のアイディア

2021年1月2日　初版第1刷発行

編著者	西海聡子
発行者	服部直人
発行所	株式会社萌文書林
	〒113-0021　東京都文京区本駒込6-25-6
	Tel.03-3943-0576　Fax.03-3943-0567
	https://www.houbun.com/
	info@houbun.com
印　刷	萩原印刷株式会社

日本音楽著作権協会（出）許諾第2009571-001号
©Satoko Nishikai 2020, Printed in Japan
ISBN978-4-89347-374-5